DIE ZAHLENMAGIE DER STEINE

Winnie Musil

DIE ZAHLENMAGIE DER STEINE

Ihr persönlicher Schlüssel zur Botschaft der Kristalle

Orac

WIEN • MÜNCHEN • ZÜRICH

Alle Fotos im Innenteil dieses Buches wurden von Vivekpuriji Wernfried Riedler fotografiert.

Wir danken der Firma Kaiser Mineralien, Westbahnstraße 42, 1070 Wien, die für die Fotos einen Teil der Steine zur Verfügung stellte.

ISBN 3-7015-0383-4

Einbandgestaltung: Katharina Uschan
unter Verwendung eines Fotos der Image Bank, Wien (Foto: Ross Horowitz)
Repros: Repro Wohlmuth, Wien
Satz: Zehetner Ges. m. b. H., A-2105 Oberrohrbach
Druck und Bindung: Mladinska Knjiga, Ljubljana, Slowenien

Ich widme dieses Buch meinem verehrten Meister
Paramhans Swami Maheshwarananda
in ewiger Dankbarkeit und Liebe. Hari Om.

INHALT

VORWORT

Seit einigen Jahren beschäftige ich mich intensiv mit esoterischen Wissensgebieten. In dieser Zeit habe ich vor allem Kristalle als wertvolle Hilfe kennen-, schätzen und nutzen gelernt.
Seitdem ich einen tieferen Einblick in das numerologische Deutungssystem der Kabbalistik gewonnen habe, ergab sich nach vielen Personenauswertungen eines Tages auch die Idee, Steine zu kabbalisieren. Der Gedanke, diese Erkenntnisse und Botschaften auch anderen Menschen in Form eines Buches zugänglich zu machen, wurde mir in einer Meditation übermittelt, die ich im folgenden erzählen möchte:

Meditation: Die Botschaft der Kristalle

. . . vor mir ein helles Band . . . ein Weg . . . ich folge diesem Weg . . . ein gläserner Tunnel . . . ich bemerke, daß viele kleine Vögel um mich sind, sie umschwirren mich, sitzen auf meinen Schultern . . . wir kommen in einen niederen Bergwerksstollen, an der Decke glitzern unzählige Kristalle, meine Vögel fliegen auf zu den Kristallen und verschwinden in ihnen . . . ich komme zum Ausgang des Stollens, vor mir öffnet sich eine weite, hohe Tropfsteinhöhle, an den Wänden, an der Decke, überall sind Kristalle in allen Farben . . . eine Gruppe von Wesenheiten steht in der Mitte der Halle, sie haben mich erwartet . . . ich gehe zu ihnen, sie heißen mich willkommen, sie erklären mir, daß sie die Devas der Steine sind und daß sie eine wichtige Nachricht für mich hätten: „Sei unsere Botschafterin – wir wollen den Menschen helfen, sei unsere Mittlerin . . .“ Ich antworte, daß ich nicht sicher sei, diese Bitte erfüllen zu können. Sie versprechen mir, daß sie mir helfen werden, daß sie ständig bei mir sind und mich bei allem führen und unterstützen werden . . . sie senden mir ihre Energie, wir verbinden uns in Strahlen der Liebe und des Wissens . . . nach dieser Aufladung sehe ich, daß immer mehr Wesenheiten in die Felshalle strömen . . . alle voll Hoffnung, Vorfreude und Erwartung . . . ihre Bitte kommt tausendfach zu mir: „Trag unsere

Botschaft zu den Menschen . . ." Ich verspreche, sie nicht zu enttäuschen und mache mich auf den Rückweg . . . im Bergwerksstollen lösen sich viele Vögel aus den Kristallen – viel mehr als auf dem Hinweg –, sie begleiten mich . . . wir treten hinaus ins Freie, eine sonnenbeschienene Landschaft liegt vor uns . . . ich breite die Arme aus, die Vögel erheben sich und fliegen in die Welt . . .

TEIL 1

DER SCHLÜSSEL ZUR BOTSCHAFT DER KRISTALLE

WIE SIE DIE BEZIEHUNG ZU IHREM STEIN ERMITTELN

In diesem Buch finden Sie die Botschaften von 77 Steinen, gedeutet nach kabbalistischen Gesichtspunkten und Erkenntnissen. Da es viele Kristalle, viele Menschen und somit ebensoviele Wege und Wirkungen gibt, ist vor allem die ganz individuelle Beziehung zu Ihrem Stein interessant.

Anhand von zwei einfachen Rechenformeln können Sie herausfinden, was ein bestimmter Kristall für Sie bedeuten kann und wobei er Sie unterstützen will.

Ich empfehle allerdings folgende Reihenfolge: Zuerst suchen Sie intuitiv einen Stein aus, entweder indem Sie einfach nach Ihrem Gefühl entscheiden, oder indem Sie sich durch die kabbalistischen Beschreibungen in diesem Buch anregen lassen. Sie können einen Stein aber auch auspendeln (siehe Seite 22 ff.) oder etwa mit Tarot/Steinkarten arbeiten. Erst dann beginnen Sie, mit den angegebenen Rechenformeln die ganz persönliche Botschaft Ihres Steins zu entschlüsseln. Nur aufgrund der Berechnung einen Stein auszuwählen erscheint mir eine allzu rationale Annäherung zu sein.

Die Kräfte, die in diesem Buch beschrieben sind, wirken generell – sie sind der Wesenskern des Steins –, die Eigenschaften, die z. B. der Gruppe der Bergkristalle zugeschrieben werden, wirken in jedem Bergkristall, für Sie persönlich hat dann Ihr Bergkristall zusätzlich noch eine ganz bestimmte Botschaft.

DIE BERECHNUNGSMETHODE

Errechnen Sie zuerst nach folgendem Schlüssel Ihre Namenszahl (Vor- und Zuname, keine akademischen Titel), indem Sie die Zahlenwerte aller Buchstaben Ihres Namens addieren:

A, Ä	1	O, Ö	16
B	2	P, PH	17
C	11	Q	19
D	4	R	20
E	5	S	21
F	17	SCH, SH	18
G	3	T	9
H, CH	8	TH	22
I, J	10	TS, TZ	18
K	11	U, Ü, V, W	6
L	12	X	15
M	13	Y	10
N	14	Z	7

Die Namenszahlen von 77 Steinen finden Sie in diesem Buch – alle anderen berechnen Sie nach der oben angegebenen Tabelle.

Berechnung der 1. Deutungszahl

★ Addieren Sie Ihre Namenszahl (N1) mit der des Steines (N2)
★ Bilden Sie aus dieser Summe die Quersumme (das ist die Summe aller Ziffern der Zahl)
★ Subtrahieren Sie von der 1. Summe die Quersummenzahl
★ Dividieren Sie diesen Betrag durch 9
★ Addieren Sie die Zahl 2 dazu
★ Bei Ergebnissen über 22 ermitteln Sie nochmals die Quersumme

$$[((N1 + N2) - \text{Quersumme } (N1+N2)): 9] + 2$$

Das Ergebnis ist die erste Deutungszahl; dazu gehört auch die Quersumme von N1 + N2; diese Zahl sagt aus, wodurch Sie etwas erreichen können.

Berechnung der 2. Deutungszahl

★ Ziehen Sie Quadratwurzel aus (N1 + N2), auf 2 Kommastellen Deutungszahlen sind die Zahl vor und auch die Zahl nach dem Komma.

Die Zahl nach dem Komma sagt aus, wodurch Sie etwas erreichen (Quersumme bei Zahlen über 22).

Ist die Kommazahl 00, bedeutet dies einen tiefgreifenden Wandel und Neubeginn.

Die Bedeutung der Deutungszahlen sowie einige Beispiele finden Sie auf den folgenden Seiten.

DIE BEDEUTUNG DER DEUTUNGSZAHLEN

Der Stein stärkt, fördert, unterstützt, hilft beim Entwickeln von . . .

1 Konzentration, Willenskraft, Eigenverantwortung, Initiative
2 Kreativität, Wissensdrang, Bewußtseinsentwicklung durch Wissen
3 Kommunikationswillen, Gemeinschaftsgeist, Kooperationsbereitschaft, Vernunft, Friedenswunsch, soziales Denken (Zahl für Yoga)
4 Fleiß, Entschlußkraft, Strebsamkeit, Einsatzbereitschaft
5 HEILSTEIN, Sensibilität, Korrektheit, Heilenergien, universelle Liebe
6 Selbsterfahrung und -erforschung, Nachdenklichkeit, analytisches Denken
7 Durchstehvermögen, Beherrschung, Selbstüberwindung, Souveränität
8 SCHUTZSTEIN, inneres Gleichgewicht
9 Philosophie, Lebensklugheit, Herzensbildung, Weisheit
10 Loslösungstendenz, Mut zu Neuem, Reformwillen, Veränderung, Unabhängigkeit, Flexibilität, Wechsel der Lebensphasen
11 Spiritualität, Intuition, Sensitivität, Erkenntnisfähigkeit
12 Bescheidenheit, Verantwortungsgefühl, Opferbereitschaft, Dienst am Nächsten, Pflichterfüllung, Demut, Hingabe
13 Persönlichkeitstransformation, höheres Wissen, Neuorientierung
14 Selbstdisziplin, Kampfgeist, Vorbildlichkeit, Zuverlässigkeit, Pioniergeist, Lehr- und Führungsaufgabe
15 Ausstrahlung, Wirkung, Wissenskompetenz, Selbstverwirklichung

16 Lernprozeß (Erfahrungen aus durchlebtem Leid werden zu Erkenntnissen), Einweihungsweg, Lehraufgabe

17 Glaube, Aufrichtigkeit, Güte, Wahrhaftigkeit, Nächstenliebe, Mitleid

18 Erhöhung der Sensitivität gegenüber Egoismus, Ungerechtigkeit und Dummheit der anderen Menschen, um sich selbst und/oder andere daraus zu befreien

19 Zufriedenheit, Glück, POSITIVES DENKEN!

20 geistiges Streben, spirituelle Orientierung; dieser Stein ist besonders geeignet als Meditationsbegleiter bei Reisen in frühere Inkarnationen: er kann Ihnen in mehreren Leben begegnen (karmische Wiederbegegnungen = karmische Chancen!)

21 Chance, Erfolg, Ansehen, Karriere (weltlich und spirituell)

22 Visionskraft, höhere Sinne, Träume, Astralwirken; er ist Vermittler bei Kommunikation mit dem geistigen Bereich, sensibilisiert unsere Kontaktfähigkeit zur Astralwelt, fördert unsere Empfangsbereitschaft für Botschaften höherer Wesenheiten!

DEUTUNGSBEISPIELE

Hier möchte ich eine kurze Erklärung meiner Deutungsweise vorausschicken:
Ich verwende die Deutungsdefinitionen zumeist nur als Gedankengerüst, der Großteil ist Inspiration und vor allem Hilfe und Eingabe von meinen geistigen Lehrern und Begleitern.

Beispiel 1

Stein: Sodalith *(Namenszahl 86)*
Person *(Namenszahl 115)*
[((86 + 115) –3): 9] + 2 = 24 = 6
Deutungszahlen: 3 und 6
Wurzel aus 201 = 14,18 Deutungszahlen: 18 und 14

1. durch Friedenswunsch zur Selbstsuche/-erfahrung und zum Weg nach innen.
2. durch Bewußtwerdung der negativen Aspekte neue Wege suchen und finden.

Dein Sodalith schenkt dir die Kraft des Verstehens und des Vermittelns, und so wird er für dich inneren und äußeren Frieden bringen. Durch den harmonisierenden Einfluß dieses Steines wirst du deine Beziehung zu dir selbst emotional und geistig soweit erkennen und meistern, daß der ersehnte Freiraum für deine spirituelle Suche sich immer mehr erschließt und dich einlädt, deinen Seelenweg mit vollem Einsatz zu erobern.
Durch den Sodalith wird deine Sensitivität – nach innen und nach außen – eine spürbare Steigerung erfahren, du wirst Unrecht und Schmerz, Leid und Ignoranz dieser Welt noch deutlicher empfinden, im Ausgleich dazu aber deine innere Führung immer klarer erkennen und ihr folgen können. Dein Stein wird dir in harten Zeiten deine eigenen Erkenntnisse in Erinnerung rufen und wird dich lehren, diese so umzusetzen, daß du bereit, willens und fähig wirst, neue Mittel und Wege der Wahrheitssuche zu finden.

Beispiel 2

Stein: Jaspis *(Namenszahl 80)*
Person *(Namenszahl 154)*
[((80 + 154) –9): 9] + 2 = 27 = 9
Deutungszahl: 9
Wurzel aus 234 = 15,30 Deutungszahlen: 3 und 15

1. durch Lebensphilosophiesuche zu Lebensweisheit.
2. durch Friedenswunsch zu Selbstverwirklichung.

Dein Jaspis läßt im Schutz seiner Kräfte in dir jene Weisheit wachsen, die aus Erkenntnissen, aus erlebten und erlittenen Erfahrungen deine Lebenssicht zu ändern weiß. Er ermöglicht dir das bewußte Umsetzen deines spirituellen Wissens und führt dich voll Umsicht, Verstehen und Liebe durch die Veränderungen und den Wandel dieses Lebens.
Dieser Stein vermittelt dir jene Lebens- und Glaubenshaltung gegenüber deinen Mitlebewesen, die in dir und um dich in Licht und Frieden ihre Wirkung entfalten werden. Durch diesen Wunsch nach einem gemeinschaftlichen Erfahren und Empfinden, nach einem gelebten Miteinander und Füreinander, wird dir ein wichtiger Schritt der Selbstfindung und Selbstverwirklichung gelingen.

DER STEIN, DER IMMER ZU IHNEN PASST

Sollten Sie keine Gelegenheit, Eingebung oder Möglichkeit haben, den zu Ihnen passenden Stein auszuwählen, können Sie mit dem auf Seite 14 genannten Zahlenschlüssel folgendermaßen vorgehen:
Sie errechnen die Namenszahl Ihres Vornamens (amtliche Form Ihres Rufnamens, z. B.: Christine, nicht Christl) und ziehen aus dieser Zahl die Quersumme.
Jeder Stein, dessen Namenszahl ebenfalls diese Quersumme ergibt, paßt zu Ihnen, ebenso jene Steine, deren Namenszahl-Quersumme dem letzten Buchstaben Ihres Vornamens entspricht.
Da die Buchstaben des Vornamens den seelischen Lebensplan offenbaren und die Quersumme jene Eigenschaft darstellt, durch deren Entfaltung und Einsatz wir unsere Aufgaben erfüllen sollen und können, ist ein Stein, der diese Qualität mitbringt, eine wertvolle Hilfe für unsere Verwirklichung.
Der letzte Buchstabe des Vornamens verrät uns das höchste Ziel dieser Inkarnation. Ein Stein mit den gleichen Kräften hilft uns, dieses Ziel zu erreichen. Die Transformationsaufgabe unserer Seele nach diesem Leben, das Aufsteigen zu einer höheren Dimension des Lernens, ist durch die sogenannte Umwandlungszahl des letzten Buchstabens symbolisiert: Ist der letzte Buchstabe z. B. 1, so entspricht dies auf der nächsten Ebene der Zahl 10, auf der höchsten der Zahl 19. Somit helfen uns alle Steine mit den Eigenschaften der entsprechenden Zahlenreihen, wobei dies keineswegs nur in der aufsteigenden Reihe gegeben ist (d. h.: 10 führt zu 19 und dies wieder zu 1, etc., da der Kreislauf als kosmisches Prinzip der Vollendung die Unendlichkeit in sich trägt.) Die Zahlenreihen im Bereich 1 bis 22, der uns hier interessiert, sind:

1/10/19	4/13/22	7/16
2/11/20	5/14	8/17
3/12/21	6/15	9/18

Beispiele
Maria (13 + 1 + 20 + 10 + 1) = 45 → 9
letzter Buchstabe: a = 1
Steine für 9/18: Peridot, Smaragd
Steine für 1/10/19: Bernstein, Lapislazuli, Opal, Topas, Onyx, Spinell

Manfred (13 + 1 + 14 + 17 + 20 + 5 + 4) = 74 → 11
letzter Buchstabe: d = 4
Steine für 11/20/2: Euklas, Prehnit, Apatit
Steine für 4/13/22: Aquamarin, Aventurin, Selenit, Moosachat, Turmalin

WEITERE AUSWAHLMÖGLICHKEITEN

Ab Seite 35 finden Sie die numerologischen Deutungen von 77 Steinen:
Die Kristallbotschaften offenbaren sich in den Zahlenzuordnungen der einzelnen Buchstaben. Besonders wichtig sind wiederholte Buchstaben sowie der erste, der/die mittleren und der letzte Buchstabe des Steinnamens sowie auch seine Namenszahl und deren Quersumme.
Auch die traditionellen Zuordnungen hinsichtlich Chakra, Mantra, Sternzeichen und Planet können eine Auswahlhilfe darstellen.
Die traditionellen Zuordnungen bei den Steinbeschreibungen beziehen sich, wie dort angegeben, oft nur auf bestimmte Steinfarben, die Deutungen selber gelten jeweils für alle Steine dieser Art.
Chakren sind unsere feinstofflichen Energiezentren, die unseren Organismus mit Lebenskraft versorgen. Das Wort CHAKRA kommt aus dem Sanskrit und bedeutet „Rad“, was die sich drehenden Energiewirbel beschreibt. Es gibt sieben Hauptchakren, die wichtigsten Wissensinhalte sind der Tabelle auf Seite 20/21 zu entnehmen.
Den Schwingungen dieser Energiezentren entsprechen bestimmte Mantren. Ein MANTRA ist ein heiliges Wort oder eine Silbe, die in uralten Zeiten von Heiligen und Weisen empfangen und bis in unsere Tage weitergegeben wurde. Die Wiederholung eines Mantras erhöht und reinigt die Frequenz unseres Schwingungsbereichs, unserer

Aura. Das Mantra hilft uns dabei, unsere Gedankenwellen zu beruhigen und dadurch jenen Zustand zu erreichen, in dem die Erfahrungswelt der Meditation beginnt.
Die Chakrenlehre eröffnet viele Möglichkeiten der Energie- und Seelenharmonisierung. Blockaden – energiearme Zustände in einem Chakra –, können auch durch Kristalle behandelt werden, indem man den entsprechenden Stein im Chakrabereich auflegt. Blockaden kön-

	Namen	*Grundprinzip*	*Lage*
1	Wurzel-, Basis-, Muladharachakra	Seinswille erdend	Genitalien, Steißbein
2	Bauch-, Sakral-, Svadisthanachakra	Seinsentfaltung kreativ	Unterbauch
3	Solarplexus-, Nabel-, Manipurachakra	Seinsgestaltung umwandelnd	Magen
4	Herz-, Anahatachakra	Seinshingabe verbindend	Brustmitte
5	Hals-, Kehlkopf-, Vishuddhachakra	Seinsresonanz vermittelnd	Kehlkopf
6	Stirn-, Ajnachakra, Drittes Auge	Seinserkenntnis erkennend	Stirnmitte
7	Kronen-, Scheitel-, Sahasrarachakra	Seinserlösung transzendierend	höchster Punkt

nen aber auch durch Steinwasser gelöst werden: Legen Sie den ausgewählten Stein 20 bis 30 Minuten in ein Glas Wasser und trinken Sie dieses langsam aus.
Bei einer umfassenden Seelenpflege werden alle entsprechenden Zuordnungen als Heilmittel angewandt: Farbe (in Kleidung oder auch als Bestrahlungslampe), Duft (Aromatherapie), Mantra-Wiederholung, Steinauflegen und Steinwasser trinken; alle Formen der Energiehei-

körperliche Zuordnung	*Naturerfahrung*	*Aromatherapie*	*Element*
alles Feste, Wirbelsäule, Knochen, Darm, Beine	Morgen- & Abendrot, frische Erde	Zeder Nelke	Erde – Erde
Beckenraum, Fortpflanzungsorgane, Nieren, alles Flüssige	Mondlicht, klares Wasser	Sandelholz Ylang-Ylang	Erde – Wasser
Bauchhöhle, Verdauungssystem, Magen, Leber, Nerven	Sonnenlicht, Sonnenblumen	Lavendel Rosmarin	Erde – Feuer
Herz, Brustkorb, Lunge (unten), Haut, Hände, Blutkreislauf	unberührte Natur, rosa Himmel	Rosenöl Salbei	Wasser – Feuer
Lunge (oben), Speiseröhre, Sprachorgane, Kiefer	blauer Himmel, leichte Wellen	Eukalyptus Minze	Wasser – Luft
Kleinhirn, Ohren, Nase, Stirn, Nebenhöhlen, Augen, Gesicht	Nachthimmel	Jasmin Olibanum	Luft – Äther
Großhirn, Schädeldecke	Berggipfel	Lotus	Äther

lung können hier sehr hilfreich sein, etwa Reiki, Aura-Soma, Bachblüten.
Am einfachsten im Wege der Selbsthilfe bieten sich uns die Steine als heilende, harmonisierende, reinigende, schützende und stimulierende Begleiter an.

DAS AUSPENDELN VON STEINEN

Es gibt verschiedene Methoden, einen Stein auszuwählen: die numerologische Berechnungsmethode, das intuitive Auswählen anhand der Beschreibungen oder auch die Auswahl anhand des zugeordneten Chakras oder des Sternzeichens.
Zum Auspendeln eines Steins verwenden Sie am besten Pendelkarten (siehe Seite 24 ff.), – Sie können natürlich auch über Bildern oder

den einzelnen Steinen selbst pendeln. Hier möchte ich Ihnen noch einige allgemeine Hinweise zum Pendeln geben:
Zum Pendeln eignen sich am besten die im Fachhandel erhältlichen Pendel oder ähnlich geformte (Metall-)Gegenstände oder Steinanhänger. Mein Pendel besteht aus einer Bergkristallspitze, die an einer 10 cm langen Silberkette aufgehängt ist. Das Pendel nehmen Sie in die rechte Hand (Linkshänder in die linke), wobei Sie den Ellbogen aufstützen und das Handgelenk locker hängen lassen.
Je entspannter und ungestörter Sie sind, desto leichter werden Sie Antworten auf Ihre Fragen finden. Richten Sie die Pendelspitze auf die Mitte der Pendelkarte (leichter zu handhaben sind vergrößerte Kopien der Karten), stellen Sie im Geist – oder auch laut – Ihre Frage: „Welche Steinform soll ich verwenden?“ oder „Wie soll ich meinen Stein verwenden?“ Bringen Sie das Pendel in eine leichte Schwingung und achten Sie darauf, daß Sie ab diesem Zeitpunkt keinen willentlichen Einfluß mehr ausüben. Das Pendel wird in eine Richtung der Karte schwingen. Formulieren Sie die so gefundene Antwort nochmals als Frage, z. B.: „Ist Meditation richtig?“, und beobachten Sie, ob das Pendel über diesem Wort ein „Ja“ anzeigt. Die Pendelbewegung für ein „Ja“ ist ein Kreis im Uhrzeigersinn („Nein“ wird durch eine gerade Schwingungsbewegung symbolisiert). Diese Antworten sind Vereinbarungssache – sollten Sie schon selbst Pendel-Erfahrungen haben und mit anderen Symbolen arbeiten, so verwenden Sie Ihre „Sprache“.

Pendelkarte: Steinform

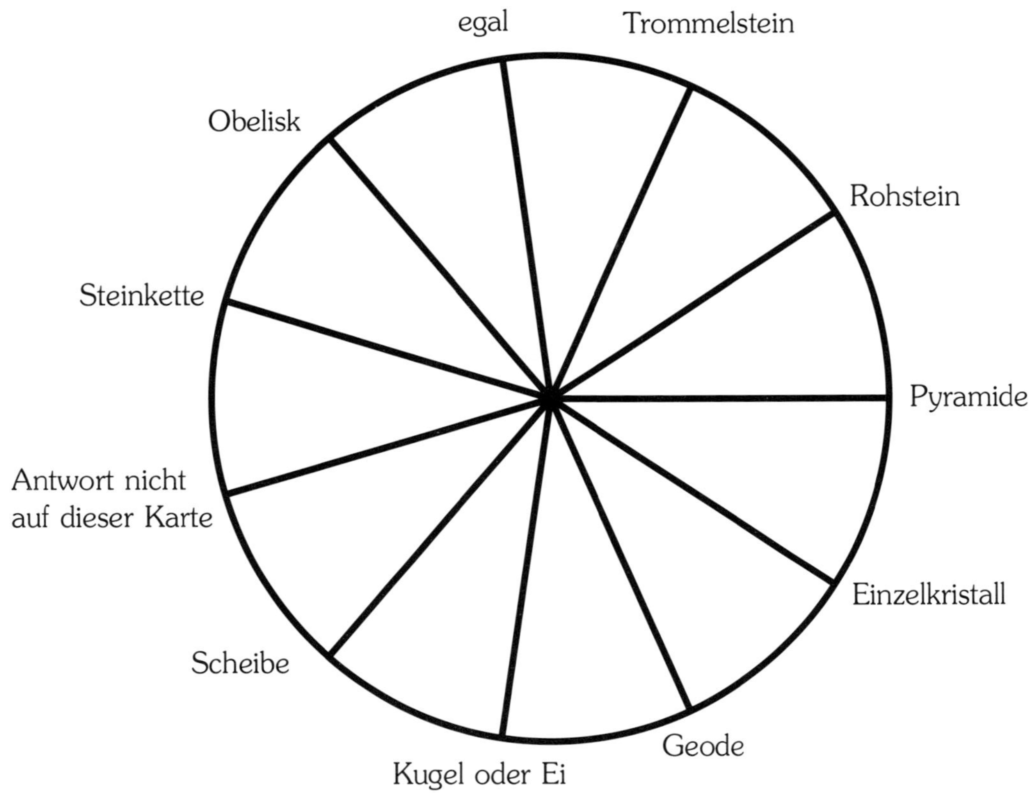

Pendelkarte: Steinanwendung

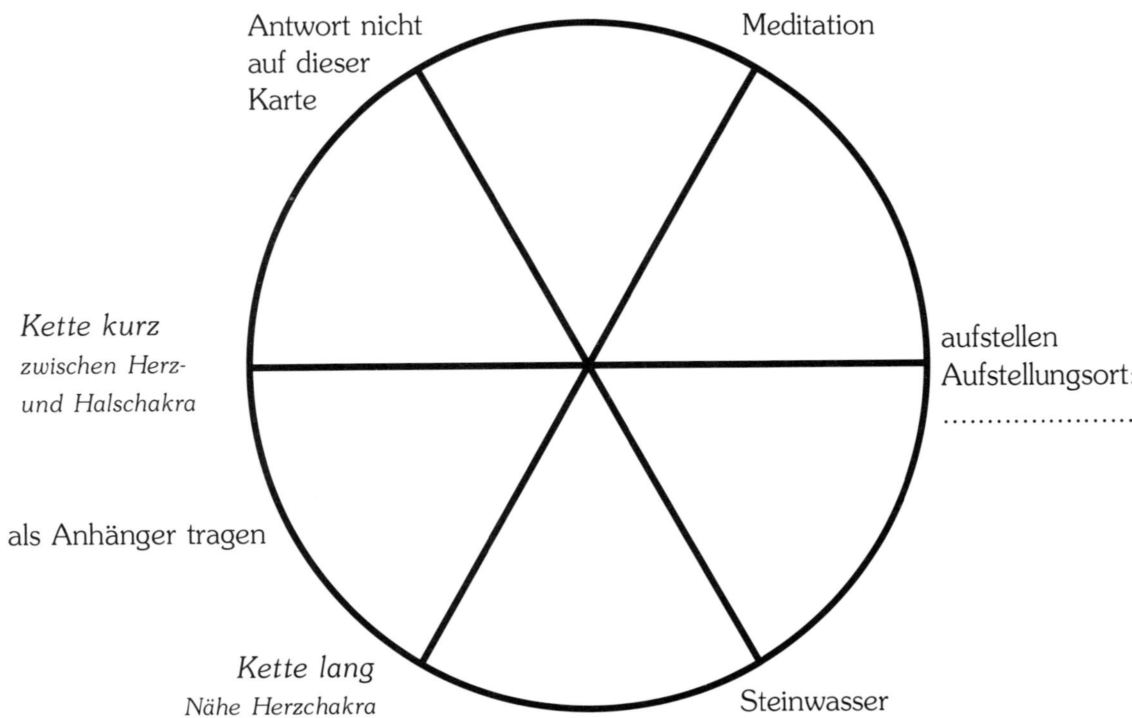

Pendelkarte: Anhänger/Kette

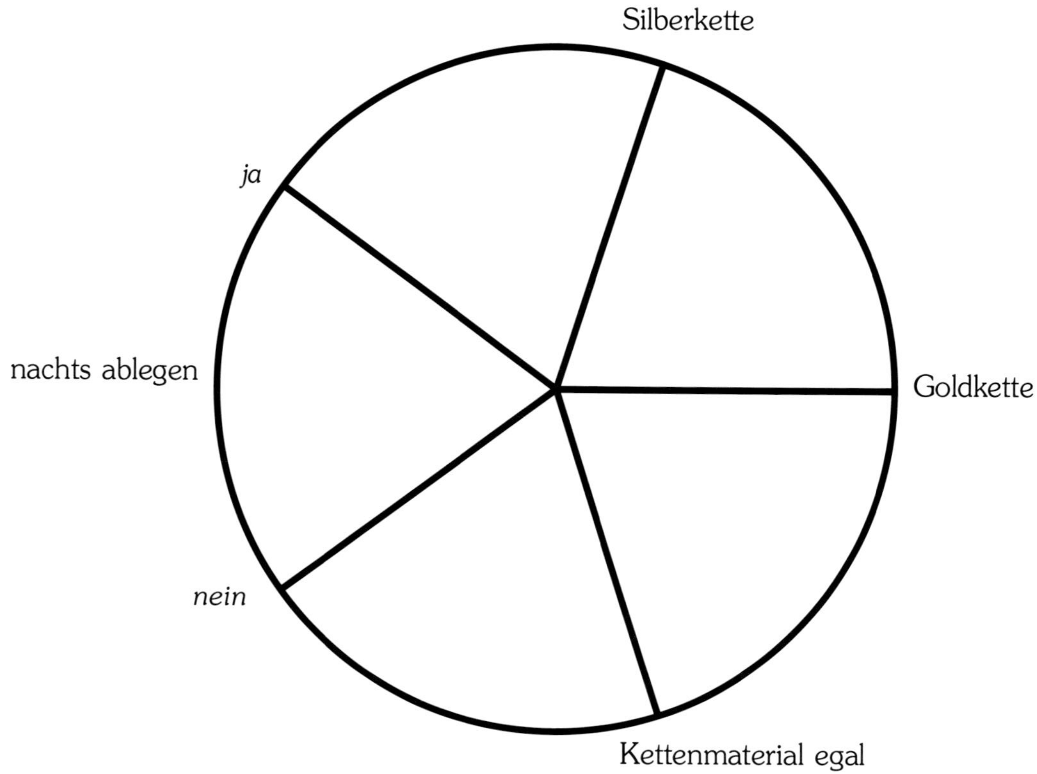

BEHANDLUNG UND PFLEGE DER KRISTALLE

Einige allgemeine Richtlinien für den Umgang mit Steinen möchte ich Ihnen noch geben – ausführliche Beschreibungen sowie Anwendungsgebiete und Anwendungsarten finden Sie im reichen Angebot an Steinbüchern.

Reinigen

Wenn Sie einen neu gekauften oder geschenkten Stein in Händen halten, sollten Sie ihn zuerst reinigen, und zwar nach der Sie ansprechenden Methode (entweder meditativ/mental oder unter fließendem Wasser – am idealsten wäre eine Quelle). Persönlich bevorzuge ich folgende Variante: den Stein in eine Wasserschüssel geben, einen Tropfen der Bachblüte „Crab Apple" zufügen; einige Minuten stehen lassen, abgießen und unter fließendem Wasser abspülen, abtropfen lassen.

Aufladen

Den gereinigten Stein können Sie nun mit universellen Kräften aufladen – vor allem mit Lebenskraft, mit Liebe, Licht und Frieden –, auch hier wieder nach der von Ihnen bevorzugten Weise (z. B. mit Sonnen- oder Mondlicht, vor einem heiligen Bild etc.).

Beziehung aufbauen

Bitten Sie in einer Meditation Ihren Stein, ihn kennenlernen zu dürfen und bitten Sie ihn auch, daß er Ihnen seine Kräfte zugute kommen läßt. Empfehlenswert ist eine Meditation, in der Sie in den Stein hineingehen und ein Zusammentreffen mit der Deva, dem Naturgeist der Wesenheit Ihres Steines, erleben können. Die Deva wird Ihnen erklären, wobei sie Ihnen helfen kann und will.

Meditation: Die Reise in meine Rosenquarzkugel

. . . um mich ist alles rosa, ich gehe über rosa Steinplatten, die sich in einem sanften Rhythmus bewegen . . . vor mir öffnet sich ein

Stiegenabgang, ich folge diesem Weg in die Tiefe . . . alles ist erfüllt von einem dämmrigen rosa Leuchten . . . neben der Treppe strömt ein Wasserfall herunter . . . die Stufen werden immer schmaler und winden sich zuletzt wie eine Wendeltreppe um den Wasserfall . . . die letzten Stufen . . . ich stehe in einer großen Felshalle, in deren Mitte ein rosa Steinbecken schimmert . . . im klaren Wasser entdecke ich die vielen Kristalle, die die Beckenwände bilden . . . ich knie davor nieder und tauche meine Hände ins Wasser, es ist weich und rosa, voll Liebe und Mitgefühl . . . ich lade meine Chakren mit dieser machtvollen Energie auf . . . als ich aufschaue, sehe ich am gegenüberliegenden Ufer eine Wesenheit, es ist die Deva meiner Rosenquarzkugel . . . sie fordert mich auf, zu ihr zu kommen – ohne zu zögern stehe ich auf und gehe übers Wasser zu ihr . . . sie heißt mich willkommen: „Stell dich so vor mich, daß du mit meinen Augen auf die Menschen sehen kannst!“ . . . ich nehme ihren Platz ein, vor mir sehe ich eine belebte Straße mit vielen Menschen . . . alle tragen eine rosa Flamme im Herzen, manche größere, manche nur ganz kleine . . . die Kinder haben zumeist die größten und hellsten Flammen „. . . die Flammen sind die Herzen ihrer Seelen, sind Nächstenliebe, Mitgefühl, sind all das, was uns verbindet und wofür man alle Menschen lieben soll“ . . . ich bedanke und verabschiede mich und kehre auf demselben Weg wieder zurück . . . finde mich wieder im Hier und Jetzt, die Rosenquarzkugel in meiner linken Hand leuchtet mit einer sanften Macht . . .

Aufbewahrung

Die Steine lieben es, auf einem Seidentuch oder einem Holzteller zu liegen – nicht auf Plastik, Glas, Keramik, Steinplatten etc.

Spezielle Pflegehinweise

Fragen Sie Ihre Steine von Zeit zu Zeit, ob sie mit Ihrer Behandlung und Zuwendung zufrieden sind, oder was zu ändern wäre – Sie können die Antwort entweder meditativ, mit einem Pendel o. ä. erfahren.

Allgemeines

Jeder Stein vermag uns etwas Wertvolles zu schenken – es ist jedoch sinnlos, sich nach dem Motto „je mehr, desto besser“, viele Steine anzuschaffen. Konzentrieren Sie sich auf die Steine, die Sie schon

besitzen, und auf die Steine, die auf die eine oder andere Weise zu Ihnen finden.
Denn: Durch erhöhte Nachfrage nach den Steinen fördern wir den Raubbau an der Natur.
. . . und vergessen Sie eines nicht: Ihr Stein lebt für Sie und durch Sie, ehren und schätzen Sie ihn, behandeln Sie ihn behutsam und liebevoll, seien Sie ihm dankbar für seine Hilfe und Kraft und lassen Sie ihn das spüren.

MEDITATIONSERLEBNISSE MIT MEINEN STEINEN

Einige meiner Meditationserfahrungen, in denen ich viel Wertvolles und Erhebendes mit meinen Steinen erleben durfte, möchte ich gerne mit Ihnen teilen.
Ich habe mit vielen meiner Steine versucht, meditativ Verbindung aufzunehmen, und konnte dadurch eine andere Welt betreten, deren Wunder und Gaben mich auf meiner Suche nach Licht weiterführten.
Auch von alten Steinkreisen, von Menhiren und magischen Kultplätzen durfte ich viele Weisheiten erfahren und kehrte von all meinen inneren Reisen reich beschenkt zurück. Schutz, Führung und Begleitung fand ich durch eine Vielzahl von Wesenheiten, die ständig bei mir sind – aber diese Erfahrungen würden ein anderes Buch füllen.
Bei meinen Astralerlebnissen gibt es für mich immer zwei Möglichkeiten der Erfahrung, einmal bin ich nur Beobachter und sehe mein Astral-Ich – weiß, dimensionslos, nur Konturen, eine Energiegestalt –, dann bin ich wieder in mir, in diesem Astral-Ich, und sehe und spüre . . . Diese Zustände wechseln manchmal unabsichtlich, ich kann mich aber auch bewußt in die andere Form begeben, z. B. wenn ich wissen will, ob mein Astral-Ich äußere Symbole trägt, aus denen ich Schlüsse ziehen kann.
In den ersten Jahren waren meine Meditationen Mittel, Wegweiser und Ratgeber für mein spirituelles Streben. Viele Alltagsprobleme konnte ich ebenfalls auf diese Weise lösen. Seitdem ich meinen spirituellen Meister gefunden habe, sind meine Meditationen in ihrer Dimension wesentlich verändert – und oft durfte ich unter seiner Führung das Licht erreichen.
Die Meditationen sind, manchmal passend zu einem Stein, manchmal assoziativ zu einer Steindeutung, über das Buch verteilt – Sie erkennen sie an der anderen Schriftart. Es sind meine ganz persönlichen Meditationen – Ihre mögen ganz andere sein. Diese Texte wollen Inspirationen zu eigenen Seelenreisen sein.

TEIL 2

DIE BOTSCHAFT DER KRISTALLE

Mein Stein der Erkenntnis
wie ein Lächeln des Himmels liegst du in meiner Hand
und erzählst mir vom Leben nach dieser Erdenzeit!

Mein Stein der Freude
wie ein Lichtkind der Liebe liegst du in meiner Hand
und schenkst mir die Heilkraft der geistigen Freiheit!

Mein Stein des Friedens
wie ein Bote der Götter liegst du in meiner Hand
und führst mich durch ein Traummosaik der Ewigkeit!

Mein Stein der Vollendung
wie ein Zauberspiel der Elemente liegst du in meiner Hand
und lehrst mich den Seelenweg der inneren Einheit!

ACHAT

Synonyme: keine
Namenszahl: 19
Farben: dunkelbraun, grau, hellblau, grünlich – immer gestreift
Intensive Farben sind gefärbt!

traditionelle Zuordnungen für blaue Steine:

Chakra	Wurzelchakra
Mantra	LAM
Planet	Saturn, Venus
Sternzeichen	Steinbock, Stier

Der Achat vereint in sich viele kosmische Kräfte und kann jedem eine unschätzbare Hilfe auf dem Seelenweg der Selbsterfahrung sein. Im Achat sind Kraft, Weisheit und Schutz wirksam. Er lehrt uns positives Denken, unsere eigene innere Kraft zu schätzen und zu nutzen, das Beste zu wollen und zu tun, er beschützt uns vor negativen Schwingungen und Gedanken, vor allem vor den eigenen selbstzerstörerischen, blockierenden Denkweisen. Er läßt uns die Kraft, Macht und Wirkung unseres eigenen Denkens erkennen: daß wir Schöpfer unseres Schicksals und verantwortlich für unsere selbstgeschaffene Realität sind.
Mit einem Achat als Begleiter lernt man die Welt mit anderen Augen sehen, alle Zweifel und Ängste werden ihre Macht verlieren, alle Erfahrungen werden als Erkenntnisse umgesetzt und gelebt.

AMAZONIT

Synonym: Amazonenstein
Namenszahl: 71
Farben: grün, bläulichgrün

traditionelle Zuordnungen:

Chakra	Herzchakra
Mantra	YAM
Planet	Mond
Sternzeichen	Krebs

Der Amazonit ist ein Schutz- und Heilstein, der uns lehrt, unsere Selbstheilkräfte zu entwickeln und zu nutzen. Der Amazonit stärkt unsere Seelenkraft und versteht es somit, in schweren Zeiten unser Durchstehvermögen und unsere Belastbarkeit zu unterstützen.

Der Amazonit führt uns immer wieder die Notwendigkeit vor Augen, daß wir durch Selbsterkenntnis, Selbstüberwindung, durch Disziplin und Strebsamkeit die Chance dieses Lebens nutzen müssen, um zu lernen und zu verstehen – uns selbst, den Sinn unseres Daseins, das Geheimnis unseres Lebens und allen Lebens. Dann sind wir fähig und bereit, in Einklang mit uns und allem um uns zu leben, die kosmischen Kräfte und ihre heilende Wirkung anzunehmen und sie durch unser Licht und unsere Liebe auch weiterzuschenken.

AMETHYST

Synonym: keine
Namenszahl: 81
Farben: violett

traditionelle Zuordnungen:

Chakra	Scheitelchakra
Mantra	OM
Planet	Jupiter, Neptun
Sternzeichen	Fische

Der Amethyst vereint in sich viel Weisheit und Wissen, die er aufgrund seiner hohen Berufung mit uns teilen will. Er vermag uns durch seine Hilfe im emotionalen und seelischen Bereich Kraft und Lebensklugheit zu vermitteln, wodurch wir unsere Sorgen und unser Leid besser bewältigen und vor allem die richtigen Lehren aus den durchlittenen Schwierigkeiten ziehen können.
Der Amethyst sensibilisiert unsere Kontaktfähigkeit zur Astralwelt, er dient uns als Mittler oder auch Verstärker bei unserer Kommunikation mit dem geistigen Bereich, indem er unsere Schwingungsebenen immer weiter erhöht, reinigt und harmonisiert.

Meditation: Erfahrung einer künftigen Daseinsebene

... ich sitze am Ufer meines Sees, die Lichtsäule in seiner Mitte strahlt in allen Regenbogenfarben – aus dem Licht kommt eine Wesenheit auf mich zu, bleibt vor mir stehen und legt die Hand auf meinen Kopf ... ich spüre starke, machtvolle Energien, und ein tiefes Glücksgefühl erfüllt mein ganzes Sein ... ich schaue hoch – glitzerndes Licht ist überall – ganz oben glaube ich ein Gesicht zu erkennen: „Wer bist du?" – „Ich bin dein Lehrer, ich bin alle Lehrer – komm mit mir!" ... die Wesenheit geht mir voran, staunend bemerke ich, daß die Fußspuren mit reinem Licht gefüllt sind ... da weiß ich, wer er ist ... schnell geht er auf die Abenddämmerung zu, wir gehen bis ans Ende der Welt, mein Lehrer tritt ins Weltall und geht weiter zum Licht, in dem er bald darauf verschwindet ... um mich ist alles sehr hell, ich werde mir dessen bewußt, daß ich auf dem Boden sitze, und bemerke, daß ich nur mehr aus Licht bestehe, zerfließenden Konturen ... ich spüre Bedauern und Traurigkeit in mir aufsteigen, ich habe keinen Körper mehr ... neben mir liegt ein Stein, ich berühre ihn mit meiner Lichthand, meine Energie umfließt ihn, und er antwortet mit Liebe und Dankbarkeit; jetzt bin ich wieder glücklich, ich kann noch Freude geben! ... die Stimme meines Lehrers kommt zu mir: „Du willst den Menschen helfen, wir haben deinen Wunsch gehört – geh zu den Menschen ..." – im gleichen Augenblick finde ich mich auf einer belebten Straße wieder, gleite in meiner Lichtgestalt durch die hastende Menge ... keiner sieht mich ... ich berühre viele mit meinem Licht, es strömt in ihre Herzen, Hoffnung ist in ihren Augen, ein Lächeln da und dort ... ich sehe einen Bettler am Gehsteig sitzen, vor einem Schaufenster, das von weihnachtlichen Dekorationen fast überquillt ... ich gehe zu ihm, er schläft, ich lege den Arm um seine Schultern, wärme seine Seele und schenke ihm Liebe und Hoffnung ...

... ein Kind kommt auf uns zugelaufen: „Schau, Mutti, das schöne Licht!" – „Geh weiter, da sitzt ja nur ein Bettler, laß ihn in Ruh!" – das Kind und ich, wir lächeln uns an ...

Ich kehre zurück ins Land des Lichts – ich weiß, daß mir eine zukünftige Daseinsform meiner Seele gezeigt wurde ... ich bedanke mich und mache mich auf den Rückweg ... ich sitze wieder am Ufer meines Sees, die Lichtsäule in seiner Mitte explodiert in feuerwerksähnlichen Fontänen, in Tausende noch nie gesehene Farben ...

ANDALUSIT

Synonyme: keine
Namenszahl: 78
Farben: gelbgrün, grün,
bräunlichrot

traditionelle Zuordnungen:

Chakra	Bauchchakra
Mantra	VAM
Planet	Merkur
Sternzeichen	Jungfrau

Der Andalusit ist ein Stein der Liebe, der Nächstenliebe, der Demut und der Hingabe. Er öffnet unser Herz für unsere Mitlebewesen, er steigert unsere Opferbereitschaft und unsere Selbstlosigkeit. Wenn man zu jenen Menschen gehört, zu denen alle um Hilfe und Rat kommen und man aus reinem Mitgefühl den Sinn des eigenen Lebens im Helfen erkennt, wird der Andalusit helfen, dieses Potential zu entwickeln. Er wird unsere Ausstrahlung und Wirkung erhöhen, so daß die anderen intuitiv wissen, daß sie bei uns nicht umsonst um Beistand bitten.
Der Andalusit gibt uns die Kraft für ein bescheidenes Leben, erfüllt von hohen Idealen und wahrer tätiger Liebe, und führt uns so zu seelischer Selbstverwirklichung.

APATIT

Synonyme: keine
Namenszahl: 47
Farben: farblos, rosa, gelb, grün, blau, violett

traditionelle Zuordnungen für farblose und violette Steine:

Chakra	Scheitelchakra
Mantra	OM
Planet	Merkur
Sternzeichen	Jungfrau

Der Apatit ist ein Stein, der verändert, indem er uns Kraft und Weisheit schenkt und somit die Erkenntnis, daß wir nur wachsen können, wenn wir an uns arbeiten. Er zeigt uns den Schlüssel für unser Streben, Suchen und Bemühen, spirituell zu denken, zu handeln, zu lernen und zu leben.
Der Apatit spricht unser Gefühl für Eigeninitiative an, unsere Überzeugung, daß es notwendig ist, unser Leben und Werden in die eigenen Hände zu nehmen und alles zu tun, um jede Chance für einen geistigen Fortschritt zu erkennen und zu nutzen. Lebensweisheit und Wissen werden der Lohn unserer Wandlung und unseres Wollens sein.

AQUAMARIN

Synonyme: keine
Namenszahl: 85
Farben: hellblau, blau, blaugrün

traditionelle Zuordnungen:

Chakra	Kehlkopfchakra
Mantra	HAM
Planet	Uranus, Merkur
Sternzeichen	Wassermann, Zwilling

Der Aquamarin ist der Stein der irdischen Vollendung. Wenn wir in diesem Leben unsere seelische Vollkommenheit anstreben, unsere Erlösung vom Rad der Wiedergeburt, kann uns der Aquamarin durch seine machtvollen kosmischen Energien Motivation und Antrieb auf unserem Weg der Persönlichkeitstransformation sein.
Der Aquamarin fördert unsere Öffnung für höheres Wissen, höheres Verstehen und höchste Weisheit. Er läßt uns einen Blick in andere Welten erahnen und bereitet unsere Seele auf diese neue Dimension vor, indem er unsere Neuorientierung unterstützt und unsere spirituelle Strebsamkeit anspornt.

AVENTURIN

Synonyme: Avanturin,
Aventurin-Quarz
Namenszahl: 85
Farbe: grün

traditionelle Zuordnungen:

Chakra	Herzchakra
Mantra	YAM
Planet	Mond
Sternzeichen	Krebs

Der Aventurin ist ein Stein der Weisheit, jener Weisheit, die aus Herzensbildung und wahrer Liebe entsteht. An diesem Wissen will er uns teilhaben lassen, indem er uns zum Sitz unserer Seele zurückführt, indem er uns für Gefühle der Güte und der Wahrhaftigkeit öffnet. Er gibt uns immer wieder Kraft und Mut, aus unserem Herzen zu leben, Mitgefühl zu geben, ein Vorbild zu sein.
Der Aventurin bewirkt in uns eine allmähliche Wandlung unserer Persönlichkeit, eine Läuterung der Gefühle, eine Hinwendung zum Weg der Seele.

AZURIT

Synonym: Kupferlasur
Namenszahl: 53
Farben: hellblau bis tiefblau

traditionelle Zuordnungen:

Chakra	Stirnchakra
Mantra	KSHAM
Planet	Neptun
Sternzeichen	Fische

Der Azurit ist ein sehr wirkungsvoller Schutzstein, der es versteht, unser Interesse an einem spirituell orientierten Leben zu erwecken, und der immer wieder unseren Wissensdrang, unsere Neugier aufs Leben und auf unsere Möglichkeiten außerhalb der physischen Begrenzungen nährt und stärkt.
Durch den Azurit lernen wir, den wahren Schutz zu erkennen, zu erstreben und anzunehmen: die schützende Kraft des Universums, die unsere Seelen begleitet und sich in Liebe und Licht manifestiert.
Der Stein eignet sich ganz besonders für Neueinsteiger, die noch ängstlich und zögernd ihren Weg suchen, der Azurit wird sie vor vielen unnötigen Befürchtungen und Zweifeln bewahren und wird sie immer wieder die richtigen Entscheidungen treffen lassen.

BENITOIT

Synonyme: keine
Namenszahl: 75
Farben: hellblau bis dunkelblau

traditionelle Zuordnungen:

Chakra	Kehlkopfchakra
Mantra	HAM
Planet	Jupiter
Sternzeichen	Schütze

Der Benitoit schenkt uns die Gabe des positiven Denkens, bei allen Änderungen, Neuerungen und Krisen läßt er uns mit Gelassenheit und Lebensklugheit vor allem die positiven Aspekte erkennen. Der Benitoit hilft vor allem jenen, die um die Macht der Gedanken wissen, die ein tiefes Verantwortungsgefühl für ihr Denken und Handeln empfinden, die es gelernt haben, alles Leben zu achten, die jedes Hindernis, jede Prüfung zu innerem Wachstum und zur Bewußtseinsentwicklung zu nutzen wissen.
Der Benitoit kann auch ein wertvoller Ratgeber für jene sein, die sich zum Lehren berufen fühlen: Durch die Fähigkeit, die positive Lebenssicht in allen Bereichen zu leben, werden andere bereit sein, ihm zu glauben, von ihm zu lernen und sich zu verändern.

BERGKRISTALL

Synonyme: keine
Namenszahl: 126
Farben: weiß bis farblos

traditionelle Zuordnungen:

Chakra	alle, besonders Scheitelchakra
Mantra	OM
Planet	Sonne
Sternzeichen	Löwe

Der Bergkristall hat eine eigene geistige Entwicklung, in ihm inkarniert sich ein hohes Wesen mit bestimmter Erdenmission, um den Menschen bei ihrem spirituellen Erkennen und Wachstum zu helfen, sie den ihnen bestimmten Seelenweg finden zu lassen und sie in ihrer Strebsamkeit zu unterstützen.
Der Bergkristall kann uns in verschiedenen Inkarnationen immer wieder begegnen und gibt uns damit viele Chancen, unser Leben und unser Karma zum Guten zu wenden, indem wir uns auf unseren seelischen Fortschritt und auf unsere geistige Orientierung besinnen lernen.

Meditation mit meinem Bergkristall:
Der Berkgristallturm

... vor mir liegt eine bizarre Landschaft ... ein Feld aus lauter Bergkristallen ... in der Ferne sehe ich einen großen Kristallturm ... er scheint mich zu rufen ... ich klettere über endlos viele Kristallspitzen, dann stehe ich endlich vor ihm ... ich lege meine Hände auf seine glatte Wand und schaue nach oben – der Turm ist so hoch, daß sich seine Spitze in den Wolken verliert ... ich gehe um den Turm herum, streiche mit den Händen über die spiegelnden Flächen, drinnen schimmert es geheimnisvoll ... ich finde keinen Eingang ... ich setze mich hin, stütze den Kopf in die Hände, bin etwas ratlos und verzagt – wie kann ich wohl in den Turm gelangen? ... mit Liebe will ich es versuchen, ich öffne mein Herzchakra, es beginnt zu strahlen ... ich stehe auf und gehe auf den Turm zu ... die Wand bietet keinen Widerstand mehr ... ich bin im Inneren des Kristallturms ... ich blicke hinauf ... die Turmspitze ist unendlich ... ich sehe ein Stück sternenübersäten Himmel ... ich nehme in der Mitte des Bodens Platz ... Energiestrahlen erheben sich aus den Wänden ... kommen auf mich zu ... treffen in jedes meiner Chakren ... laden mich auf, erfüllen mich mit ihrer Kraft ... die Wände des Turms öffnen sich wie ein Blütenkelch ... die Energiestrahlen bleiben, sie kommen von mir, treffen auf die umliegenden Kristallspitzen, werden vielfach gebrochen und tausendfach in die Welt geschickt als vielfarbiges Licht der Liebe – Licht, das man sehen und hören kann – der Klang OM erfüllt alles ...

BERNSTEIN

Synonym: Succinit		*traditionelle Zuordnungen:*	
Namenszahl: 100		Chakra	Solarplexus
Farben: gelb, hellgelb bis braun, rot, weißlich, selten auch blau, schwarz, grünlich		Mantra	RAM
		Planet	Sonne
		Sternzeichen	Löwe

Bernstein ist fossiles Kiefernharz, 50 Millionen Jahre alt.

Der Bernstein will uns beim Erreichen aller Ziele, beim Verwirklichen der Lebensideale, beim seelischen und geistigen Fortschritt unterstützen, helfen, mahnen und uns mit seiner Kraft immer wieder dazu motivieren, unseren Weg weiterzusuchen, weiterzugehen und unseren Wunsch nach Vollkommenheit zu erfüllen.
Er fördert unseren Wissensdrang, unsere Bewußtseinsentwicklung, durch die Steigerung unserer Erkenntnisfähigkeit und Kreativität. Er erinnert uns immer wieder an unser spirituelles Ziel, an das Versprechen, das wir uns selbst vor diesem Leben gegeben haben. Er erfüllt uns mit Erfolgsdenken und Erfolgsstreben, er läßt in uns keine Zweifel an der Realisierung unserer Vorstellungen und Bestimmungen aufkommen.

BERYLL

Synonym: Edelberyll
Namenszahl: 61
Farben: gelbgrün, goldgelb, gelb, rosa, farblos

traditionelle Zuordnungen für den gelben Beryll:

Chakra	Solarplexus
Mantra	RAM
Planet	Sonne
Sternzeichen	Löwe

Der Beryll bringt uns tiefen Seelenfrieden, der unser ganzes Wesen verändert, uns Selbstbeherrschung und Selbstüberwindung ermöglicht. Der Beryll ist ein Stein voll Wissen und Weisheit, er lehrt uns, zu erkennen und zu verstehen und unser Leben gemäß den erworbenen Einsichten zu gestalten.
Mit dem Beryll als Ratgeber und Freund werden wir von unseren selbstsüchtigen, egoistischen und egozentrischen Einstellungen und Gefühlen geheilt und sind durch diese innere Reinigung bereit und fähig, mehr Verantwortungsbewußtsein, mehr Bescheidenheit und Demut zu empfinden und ein Leben voll Mitgefühl und Hingabe zu verwirklichen.

CASSITERIT

Synonyme: Zinnstein, Zinnerz
Namenszahl: 117
Farben: verschieden braun, farblos

traditionelle Zuordnungen für farblose Steine:

Chakra	Scheitelchakra
Mantra	OM
Planet	Mond
Sternzeichen	Krebs

Der Cassiterit ist ein sehr weiser Stein, der uns auf unserem Seelenweg viel Hilfe und Kraft zu schenken vermag. Der Cassiterit kann für spirituell Suchende, die noch wenig Erfahrungen gesammelt haben, die noch etwas orientierungslos vor der Fülle der Möglichkeiten stehen, eine wichtige Starthilfe sein, indem er unsere Willenskraft stärkt, uns die ersten Erfolge erleben läßt und so zur Bewußtseinsentwicklung und Veränderung unserer Lebenssicht und unserer gesamten Gefühls- und Empfindungswelt führt. Durch diese inneren Wandlungen und durch die Erkenntnisse, die wir erringen konnten, entwickelt sich in uns ein positives Lebensgefühl, eine Liebe.
Für „fortgeschrittene“ Suchende kann der Cassiterit in Zeiten der Unentschlossenheit, des Fragens nach neuen Wegen und Richtungen die richtigen Impulse und Orientierungshilfen bieten, indem er uns an seiner Weisheit teilhaben läßt und uns das Wunder allen Lebens eindrücklich vor Augen führt.

CHALCEDON

Synonyme: keine
Namenszahl: 71
Farbe: blaßblau

traditionelle Zuordnungen:

Chakra	Kehlkopfchakra
Mantra	HAM
Planet	Uranus
Sternzeichen	Wassermann

Hier ist der lichtblaue Stein mit weißen Bänderungen gemeint, und nicht die ganze Steinfamilie – andersfarbige Chalcedone haben eigene Bezeichnungen.

Der Chalcedon ist ein kraftvoller Schutzstein, der durch seine hochentwickelten spirituellen Eigenschaften und seine kosmischen Kräfte jedem geistig Suchenden eine wertvolle Hilfe auf seinem Lern- und Einweihungsweg sein will.
Der Chalcedon heilt immer wieder unsere seelischen Wunden und Enttäuschungen, die unsere Strebsamkeit gefährden könnten, und gibt uns Mut und Motivation, auf unserem Weg weiterzugehen.

Meditation: Einweihung in die Heilkräfte der Mondenergie mit meinem Findhorn-Stein

(ein handtellergroßer Kieselstein, gefunden am Strand von Findhorn, wo die Naturenergien und Devas schon lange Zeit besonders wirken)

... eine helle Nacht ... eine Lichtung, umgeben von hohen Bäumen ... ich sehe mein Astral-Ich, ganz nah vor mir ... die langen blauen Haare werden geflochten, mit Blumen und Bändern geschmückt – Naturgeister bereiten mich auf etwas ganz Besonderes vor ... eine helle Gestalt kommt auf mich zu, ich erkenne die Deva meines Chalcedons, wir begrüßen uns ... sie winkt mir, ihr zu folgen ... schnell durchqueren wir den nächtlichen Wald und kommen zu einem Steinkreis, in dessen Mitte ein mächtiger Menhir aufragt ... viele Wesenheiten stehen außerhalb des Kreises ... allein gehe ich in die Mitte des Kreises ... wir warten ... langsam steigt der Vollmond über den Wipfeln empor ... am höchsten Punkt, genau über mir, bleibt er stehen ... sein Licht ergießt sich über mich, hell und blau ... ich stehe in diesem Lichtkegel und empfange diese Kraft ... mein Findhorn-Stein liegt in meinen Händen, auch ihn treffen die blauen Strahlen ... bündeln sich in ihm, er leuchtet auf, wie eine kleine Sternschnuppe ... ich breite die Arme aus, blaue Strahlen aus meinen Handflächen – Heilenergie ... der Mond geht unter, sein Licht bleibt bei mir, auch der Menhir ist erfüllt von der Macht der Mondenergie und leuchtet aus sich heraus ... eine blaue Lichtbahn verbindet ihn mit meinen Findhorn-Stein ... langsam verlasse ich den Steinkreis, meine Deva führt mich zurück ...

CHRYSOBERYLL

Synonyme: keine
Namenszahl: 136
Farben: goldgelb, grünlichgelb, bräunlich

traditionelle Zuordnungen:

Chakra	Solarplexus
Mantra	RAM
Planet	Sonne
Sternzeichen	Löwe

Gehandelt werden die Varietäten Alexandrit (grün, bei Kunstlicht rot) und Chrysoberyll-Katzenauge (mit silberweißer Linie).

Der Chrysoberyll ist ein Beschützer unserer inneren Kraft, er bewahrt uns vor selbstzerstörerischem Raubbau unserer Energien und ermöglicht uns dadurch, all unsere Stärke zur Entwicklung und Reifung unserer Spiritualität zu verwenden. Indem der Chrysoberyll unsere Erkenntnisfähigkeit fördert, nährt er unseren Forschungsdrang und führt uns zu Bewußtseinserweiterung durch unser selbst erfahrenes und erlebtes Wissen.
Der Chrysoberyll läßt uns alle Gelegenheiten zum Lernen als solche erkennen und nutzen, indem wir in jedem Leid das Lernen als Sinn verstehen – und zwar das spirituelle Lernen, den geistigen Fortschritt unserer Seele. Wenn wir den Wink des Schicksals nicht sehen wollen, wenn wir trotz großer Schwierigkeiten und Krankheiten noch nicht bereit sind, uns selbst zu hinterfragen, kann der Chrysoberyll uns beim ersten Schritt nach innen helfen.

CHRYSOKOLL

Synonyme: Kieselkupfer, Kieselmalachit
Namenszahl: 126
Farben: blaugrün, bläulichgrün
grüne Varietät: Eilatstein (Verwachsung von Chrysokoll, Türkis und Malachit)

traditionelle Zuordnungen:

Chakra	Herz
Mantra	YAM
Planet	Mond
Sternzeichen	Krebs

Der Chrysokoll stärkt unsere seelische Belastbarkeit, er verhilft uns dazu, unsere erlittenen Erfahrungen zu Erkenntnissen zu verwerten. Dieser Lernprozeß vermag uns zum Umdenken zu veranlassen, nach dem wahren Sinn des Lebens, unseres Lebens, zu fragen. Der Chrysokoll appelliert an unsere Vernunft, erweckt unseren Friedenswunsch und unseren Gemeinschaftsgeist; allmählich führt er uns zu sozialem Denken und der damit verbundenen Bewußtseinsentwicklung.
Der Chrysokoll unterstützt nicht nur unsere Seelenkraft, sondern beschützt uns auch vor negativen Schwingungen. Durch diesen Schutz wird die Stärkung unseres Durchhaltewillens ermöglicht. Für diejenigen unter uns, die den Leidensweg zum Lernen gewählt haben, wird der Chrysokoll ein unschätzbarer Wegbegleiter und Tröster sein.

CHRYSOPRAS

Synonyme: keine
Namenszahl: 134
Farbe: grün

traditionelle Zuordnungen:

Chakra	Herzchakra
Mantra	YAM
Planet	Jupiter
Sternzeichen	Schütze

Der Chrysopras (eine Chalcedon-Varietät) ist ein sehr wirkungsvoller Schutzstein, vor allem für jene, die mit einem schweren Schicksal zurechtkommen müssen. In Zeiten seelischer Belastungen, in Perioden voll Zweifel und Hoffnungslosigkeit, kann uns der Chrysopras Trost und Hilfe sein. Er versteht es, uns vor unseren eigenen negativen Gedankengängen zu bewahren, er verhindert ein immer tieferes Abgleiten in emotionale Abgründe, er rettet uns vor Selbstmitleid und Labilität.

Im Schutz seiner positiven Kraft können wir wieder beginnen, unser Leben positiv zu sehen und positiv zu gestalten. Die drückende Last unserer Probleme wird allmählich leichter, in dem Maß, in dem wir lernen und erkennen und unser geistiges Streben erste Erfolge bringt.

DANBURIT

Synonyme: keine
Namenszahl: 66
Farben: farblos, weingelb, rosa

traditionelle Zuordnungen für farblose Steine:

Chakra	Scheitelchakra
Mantra	OM
Planet	Mond
Sternzeichen	Krebs

Der Danburit ist der ideale Lehrer und Beschützer für jene, die vom Rationalen dominiert sind und sich alle Bereiche durch analytisches Denken erschließen. Der Danburit versteht es, unsere Kreativität und unseren Wissensdrang zu fördern, er ermöglicht es uns, die Erfahrungen logisch durchzudenken und dadurch unsere Erkenntnisse als unerschütterliches Wissen zu verankern. Auf diesem stabilen Gerüst unserer selbst erarbeiteten Weisheit können wir weiter aufbauen und weiterforschen. Dadurch entwickelt sich in uns ein inneres Gleichgewicht zwischen Denken und Fühlen, zwischen Erfassen und Akzeptieren, das für uns einen wirksamen Schutz darstellt, weil uns nichts so leicht erschüttern kann und sich unser Weltbild Schritt für Schritt im Tempo unserer Erkenntnisfähigkeit verändert und erweitert.

DIAMANT

Synonyme: keine
Namenszahl: 52
Farben: farblos, gelb, braun, gelegentlich auch grün, blau, rötlich

traditionelle Zuordnungen für farblose Steine:

Chakra	alle, besonders Scheitelchakra
Mantra	OM
Planet	Sonne
Sternzeichen	Löwe

Der Diamant schenkt uns die Kraft der Wandlung auf der Suche nach Weisheit und ewiger Wahrheit. Dieser Stein versteht es, unsere Sehnsucht nach höchsten Zielen, nach Erlösung und Vereinigung, nach Welten, die unsere Seele als ihre Heimat kennt, zu wecken, zu nähren und durch seine Führung dieses Heimweh – im Tempo unserer eigenen Entwicklung – Schritt für Schritt zu stillen.
Mit einem Diamanten als Begleiter und Lehrer werden wir neue Horizonte finden, werden wir Grenzen überfliegen und mit dem Urstrom der Schöpfung fließen lernen. Dieser Stein wird uns mit seinem Geheimnis der Macht locken, bis wir erkennen, daß das Überwinden des Ego und die Hingabe des Selbst zu jener Erlösung führen, die als Antwort auf den Ruf unserer Seele hinter allen Schleiern der Vergänglichkeit auf uns wartet.

Meditation: Reise in eine andere Dimension, eine Welt des Lichts

... ich knie am Ufer meines Seelensees, tauche die Hände ins Wasser, wasche mein Gesicht ... beim Aufblicken bemerke ich eine Wesenheit am jenseitigen Ufer, sie deutet mir mitzukommen ... sie nimmt mich an der Hand, ein kurzes Wegstück, schnelle Schritte, Eile ... ich bin allein ... stehe in einer Eishöhle, einer großen, hellen Halle, überall glitzern Eiskristalle ... bizarre, fremde Formen umgeben mich ... Stille, tiefes Schweigen, Einsamkeit, Kälte ... langsam beginne ich zu erstarren, zu erfrieren ...

Mit aller Willenskraft beginne ich meine Liebe zu mobilisieren, ich schmelze, bin befreit, bin bereit für den Schritt in eine andere Dimension ... vor mir entdecke ich Fußspuren im Schnee ... ich folge ihnen, staunend über die fremdartige Erscheinungsform dieser Welt, deren Reinheit und Klarheit deutlich spürbar ist, die mich durchdringt und in mir ein Gefühl von Leichtigkeit und glasklarer Helle aufkommen läßt ... ich durchschreite ein Tor aus funkelnden Eiskristallen und stehe auf einem hohen Berggipfel ... mein ganzes Blickfeld ist von schneebedeckten Gebirgszügen erfüllt ... ich spüre, wie sich eine mächtige Energieform aufbaut, eine Wesenheit steht vor mir, so unfaßbar in ihrer Dimension, daß sie bis in den Himmel zu reichen scheint ... die Wesenheit heißt mich willkommen in dieser Ebene und macht mich auf meinen Regenbogen aufmerksam – die klaren, strahlenden Farben reichen von einer Schulter zur anderen ... eine neue Farbe ist dazugekommen, ein silbriges Weiß – jener Farbton, in dem alles in dieser Dimension leuchtet ... ich bedanke mich und mache mich auf den Rückweg, noch immer voller Staunen und Bewunderung über die Formen dieser Ebene, ich beuge mich zu einer Blume hinunter, berühre sie ... ihr inneres Licht beginnt ganz hell zu strahlen, als würde sie mich begrüßen mit diesem reinen, silbernen Glanz ... zurück durchs Eiskristalltor ... ich stehe wieder am Ufer meines Sees, – er hat sich verändert, das Licht in seiner Mitte ist nicht mehr vom Wasser bedeckt, jetzt reicht es wie eine Säule vom Boden des Sees bis zum Himmel und hat an Leuchtkraft, Intensität und Reinheit gewonnen ...

DUMORTIERIT

Synonyme: keine
Namenszahl: 122
Farben: tiefblau, violettblau, rotbraun

traditionelle Zuordnungen:

Chakra	Stirnchakra
Mantra	KSHAM
Planet	Merkur
Sternzeichen	Zwilling, Jungfrau

Der Dumortierit strahlt viel Weisheit und Heilenergie aus, er kann uns die Erkenntnis der Selbstheilung durch die Kraft der universellen Liebe vermitteln, er läßt uns den Sinn des Lebens erahnen und vielleicht sogar einen flüchtigen Eindruck vom großen Plan aller Welten, von den tiefsten Geheimnissen jeden Lebens gewinnen.
Durch den Dumortierit können sehr intensive Kräfte wirken, wir werden uns bis tief in unser Innerstes wandeln, verändern, neu orientieren. Wir werden lernen und leiden, wir werden verstehen und unser Herz der Weisheit der Liebe öffnen.

ELESTIAL-QUARZ

Synonyme: keine
Namenszahl: 75
Farbe: durchscheinend (Quarz mit Struktureinschlüssen)

traditionelle Zuordnungen:

Chakra	Scheitelchakra
Mantra	OM
Planet	Neptun, Mond
Sternzeichen	Fische, Krebs

Der Elestial ist der Stein der Hingabe, der Demut und der tätigen Nächstenliebe. Mit diesem Stein als Lehrer lösen sich die Grenzen aller ichsüchtigen Ein- und Vorstellungen, und wir betreten jene Entwicklungsstufe, wo Liebe in wahrer Selbstlosigkeit erfahren wird.
Dieser besondere Quarz kommt wie ein Bote unseres eigenen Herzens zu uns, er mahnt und lehrt uns, das Ego loszulassen, frei zu werden, um zu sein, was unserem Seelenplan entspricht.
Mit einem Elestial als Meditationsbegleiter finden wir unseren Weg zum Licht und lernen, uns höhertragen zu lassen, bis wir eins sind mit dem Ursprung und Ziel allen Lebens.

EPIDOT

Synonym: Pistazit
Namenszahl: 61
Farben: grün, schwarzbraun

traditionelle Zuordnungen für schwarzbraune Steine:

Chakra	Wurzelchakra
Mantra	LAM
Planet	Saturn
Sternzeichen	Steinbock

Der Epidot entfaltet seine intensivste Wirkung, wenn wir bereit sind, uns selbst zu überwinden, den Kampf gegen unsere egoistischen und egozentrischen Einstellungen aufzunehmen. Der Epidot unterstützt unsere Selbstdisziplin und unseren Wunsch nach Vorbildlichkeit. Er läßt uns alle Veränderungen unserer Persönlichkeit durchstehen und begrüßen, er fördert unsere Strebsamkeit und unsere Entschlußkraft. Der Epidot ist der ideale Begleiter für alle, die die Erkenntnisse ihrer spirituellen Suche weitergeben wollen, die ihr Licht zu den Menschen tragen möchten.

EUKLAS

Synonyme: keine
Namenszahl: 56
Farben: farblos, meergrün, hellblau

traditionelle Zuordnungen für farblose Steine:

Chakra	Scheitelchakra
Mantra	OM
Planet	Mond
Sternzeichen	Krebs

Der Euklas kann ein sehr lehrreicher Begleiter bei der Seelenarbeit sein – seine intensivste Wirkung entfaltet er bei der Entwicklung unserer Sensitivität, unserer Erkenntnisfähigkeit und unserer inneren Sinne. Der Euklas kann für Suchende, die sich schon lange mit dem Themenkreis Spiritualität beschäftigen, einen wichtigen Schritt näher zur Verwirklichung bedeuten, er kann uns neue Dimensionen und Erfahrungen mit einem anderen, verfeinerten Wahrnehmungsvermögen erleben lassen.

Der Euklas will uns durch die inneren Prüfungen führen, die um so schwieriger werden, je höher wir kommen – da sie immer schwerer erfaßbar, erkennbar und definierbar werden. Er wird dadurch zu unserem ständigen seelischen Wachstum beitragen.

FALKENAUGE

Synonyme: keine
Namenszahl: 75
Farbe: blaugrau

traditionelle Zuordnungen:

Chakra	Stirnchakra
Mantra	AUM, KSHAM
Planet	Uranus
Sternzeichen	Wassermann

Das Falkenauge besitzt Heilkräfte, die im Zusammenspiel mit der positiven Lebenseinstellung, die er uns vermittelt, viel zu unserem inneren Gleichgewicht und unserem seelischen und körperlichen Wohlbefinden beitragen können.
Das Falkenauge fördert auch unsere Bereitschaft zu glauben, unser Streben nach Wahrhaftigkeit, Aufrichtigkeit und Güte. Er führt uns immer wieder zum positiven Denken, zu Hoffnung und Zufriedenheit. Somit bietet uns dieser Stein zwei sehr wesentliche Kräfte: Heilung und positives Denken, die hier, wunderbar vereint, gemeinsam wirken und uns erkennen lassen, wie sehr das eine das andere bedingt und in sich birgt.

FLUORIT

Synonyme: Flußspat
Namenszahl: 90
Farben: violett, blau, schwarz, gelb, grün, selten farblos

traditionelle Zuordnungen für violette Steine:

Chakra	Scheitelchakra
Mantra	OM
Planet	Neptun
Sternzeichen	Fische

Der Fluorit besitzt ein hohes Maß an Weisheit, die er bereit ist, uns zu vermitteln. Durch dieses Teilhaben an seiner Philosophie läßt er uns im emotionalen Bereich vieles erkennen und lernen. Der Fluorit fördert die Entfaltung unserer Herzensqualitäten, wodurch wir Leid und Sorgen leichter bewältigen, Hindernisse im Leben als Chancen sehen, unsere Lebenssicht, unsere seelische Stabilität und innere Stärke entwickeln und nutzen lernen.
Der Fluorit ist ein wertvoller Begleiter auf unserem Einweihungsweg, ein weiser Lehrer bei unserem Sinnerfahrungsprozeß. Indem er unsere seelische Belastbarkeit stärkt, gibt er uns die Kraft, schwierige Situationen zu überwinden, aus Krisen zu lernen und an ihnen zu wachsen.

Meditation: Mein Treffen mit den Trägern des Wissens

... ich sitze auf einer Bergkuppe im Kreis meiner Kristalle, deren Spitzen auf mich gerichtet sind ... schneebedeckte Berggipfel bis hin zum fernen blauen Horizont ... ich spüre die Anwesenheit vieler meiner Begleiter, in ihrer Mitte beginne ich die Reise nach innen, der Berg öffnet sich unter mir und ich falle in die Tiefe ... durch endlos lange Bergwerksstollen, Tunnel und Gänge geht es abwärts, zuletzt krümmt sich der Weg zu einer Spirale ... jetzt ist es nur mehr ein Schweben ... langsam sinke ich herab, spüre Stufen unter meinen Füßen ... vor mir liegt eine große Felshalle, sie ist lichterfüllt ... in ihrem Zentrum steht eine Gruppe von Wesenheiten – sehr alte, sehr weise Seelen ... vor Ehrfurcht zögere ich weiterzugehen ... neben mir tauchen meine Begleiter auf und führen mich die letzten Stufen hinunter und quer durch die Halle zur Gruppe der Weisen ... ich will vor ihnen niederknien, doch sie verwehren mir das, heißen mich willkommen ... sie bilden einen Kreis, in dessen Mitte ich Platz nehme ...

Ich spüre die Energien, die sie mir schenken, sehe dieses Wissen wie Lichtstrahlen zwischen uns ... die Strahlen treffen in jedes meiner Chakren und laden mich auf ... ich blicke nach oben zur Decke und sehe „nur" Licht, Strahlen führen von hier zu unseren Scheitelchakren ... die Weisen haben mir ihr Wissen gegeben, und ihre Aufforderung kommt zu mir: „Geh zu den Menschen und hilf und wisse!" ... ich bedanke mich und kehre zur Treppe zurück, auf den Stufen drehe ich mich nochmals um und sehe, wie sich die Wesenheiten zu einem Energieball vereinigen und aufsteigen zum Licht, mit dem sie verschmelzen ... beglückt und dankbar mache ich mich auf den Rückweg, den Berg hinauf ... ich sitze wieder auf meinem Platz, die Steine sind in der Zwischenzeit deutlich gewachsen – ich habe mein Wissen wohl über lange Zeiträume hinweg gesammelt, durch viele Inkarnationen ...

GRANAT

Namenszahl: 48
Farbe: dunkelrot

traditionelle Zuordnungen:

Chakra	Wurzelchakra
Mantra	LAM
Planet	Mars
Sternzeichen	Widder

Als „Granat" wird eine Gruppe verschiedenfarbiger Mineralien mit ähnlicher chemischer Zusammensetzung bezeichnet. Die roten Hauptvertreter sind: Pyrop (auch Kaprubin), Almandin und Spessartin.

Der Granat ist ein machtvoller Kraftstein, der willens und fähig ist, unser Karma positiv zu beeinflussen.
Sein Wesenskern vereint in sich eine intensive Energie mit einer stabilisierend und ausgleichend wirkenden Schwingung zu einer Ausstrahlung, Kompetenz und Wirkung, die für uns, wenn wir bereit sind, sie anzunehmen, zu einer unschätzbaren Hilfe werden kann. Der Granat kann uns ein wahrer Freund, Lebensbegleiter und Ratgeber werden, wenn wir lernen, seine Kräfte zu schätzen und zu nutzen. Immer wieder wird er uns die Macht der Gedanken – unserer Gedanken – vor Augen führen. Er lehrt uns, das Beste aus unserem Leben zu machen, indem er unsere Eigenverantwortlichkeit und seelische Aufrichtigkeit anspricht. Er nährt unseren Wunsch, in dieser Inkarnation die höchstmöglichen Ziele zu erreichen.

HÄMATIT

Synonyme: Blutstein, Specularit
Namenszahl: 51
Farben: schwarz, grauschwarz, braunrot, bunt anlaufend

traditionelle Zuordnungen:

Chakra	Wurzelchakra
Mantra	LAM
Planet	Mars
Sternzeichen	Widder

Der Hämatit vereint in sich ein hohes Potential an Kraft, Willensstärke und Energie. In Zeiten, wo wir noch unseren Weg suchen, wo es Entscheidungen zu treffen gilt, die geistige Orientierung und die Richtung unseres Seelenweges noch nicht klar und deutlich vor uns liegen, kann uns der Hämatit durch sein tiefes Wissen Hilfe und Führung schenken. Er vermag uns immer wieder an unsere spirituelle Strebsamkeit, unser wahrhaftes Suchen zu erinnern, er hilft uns, unser Engagement und unsere Initiative nicht zu verzetteln, er ermöglicht es, uns immer wieder auf die Entfaltung unserer seelischen Fähigkeiten zu konzentrieren und verdeutlicht die Wichtigkeit unserer konsequenten Bemühungen.
Der Hämatit fördert unsere Erkenntnisfähigkeit, unsere Gedankenkraft und unser Gefühl für Eigenverantwortung in einem so hohen Ausmaß, daß aufgrund der Entwicklung unserer inneren seelischen Stärke auch unsere Mitmenschen diese Kraft verspüren und anerkennen und bereit werden, unserem Vorbild zu folgen.

HELIOTROP

Synonym: Blutjaspis
Namenszahl: 113
Farben: dunkelgrün mit roten Punkten

traditionelle Zuordnungen:

Chakra	Wurzelchakra
Mantra	LAM
Planet	Pluto
Sternzeichen	Skorpion

Der Heliotrop (eine Chalcedon-Varietät) versteht es, uns durch seinen Schutz alle Hindernisse, Probleme und Schwierigkeiten durchstehen zu lassen und aus unseren Erfahrungen Erkenntnisse zu machen. Er heilt unsere seelischen Wunden und gibt uns den Mut weiterzusuchen, weiterzufragen, weiterzustreben.
Der Heliotrop wirkt direkt auf unsere Emotionen, er weckt unsere Liebesfähigkeit zu allen Wesen, er führt uns zu einem tiefen Empfinden für Natur und Schöpfung. Wenn wir es zulassen, kann der Heliotrop eine intensive Veränderung unserer Lebenssicht und unseres Bewußtseins bewirken.

HEMIMORPHIT

Synonym: Kieselzinkerz
Namenszahl: 121
Farben: blau, grün, farblos

traditionelle Zuordnungen für blaue Steine:

Chakra	Kehlkopfchakra
Mantra	HAM
Planet	Merkur
Sternzeichen	Jungfrau

Der Hemimorphit ist ein wirkungsvoller Schutzstein für alle jene, die sehr intensiv, mit viel Entschlußkraft und Einsatz, an ihrem spirituellen Fortschritt arbeiten. Der Hemimorphit unterstützt die angestrebte Persönlichkeitswandlung bis hin zur Vorbereitung auf eine Inkarnation in einer anderen Dimension.
Der Hemimorphit steigert unsere Erkenntnisfähigkeit, er läßt uns jede Möglichkeit nutzen, zu lernen und die irdischen Ziele unserer Seele zu verwirklichen.

HIDDENIT

Synonyme: keine
Namenszahl: 64
Farben: gelbgrün, grüngelb, smaragdgrün

traditionelle Zuordnungen:

Chakra	Herzchakra
Mantra	YAM
Planet	Mond, Merkur
Sternzeichen	Krebs, Zwilling

Der Hiddenit besitzt viele machtvolle Fähigkeiten, er kann uns Schutz, Heilung und Weisheit schenken. Der Hiddenit ist aber vor allem ein Stein der Veränderung. Wenn wir nur abwarten, wenn wir unflexibel und selbstzufrieden sind, werden uns alle seine Gaben nicht erreichen können. Wenn wir bereit sind, an uns zu arbeiten, uns selbst zu erkennen, uns und unsere Einstellungen zu ändern, wenn all unser Wollen und Handeln von steter Strebsamkeit geleitet werden, dann wird der Hiddenit seine Kräfte für uns entfalten. Er wird uns an seiner Weisheit teilhaben lassen, er wird uns den Sinn des Lebens, die Allmacht der Liebe erahnen und erfühlen lassen – er wird uns wie ein helles Licht begleiten und führen.

HOWLITH

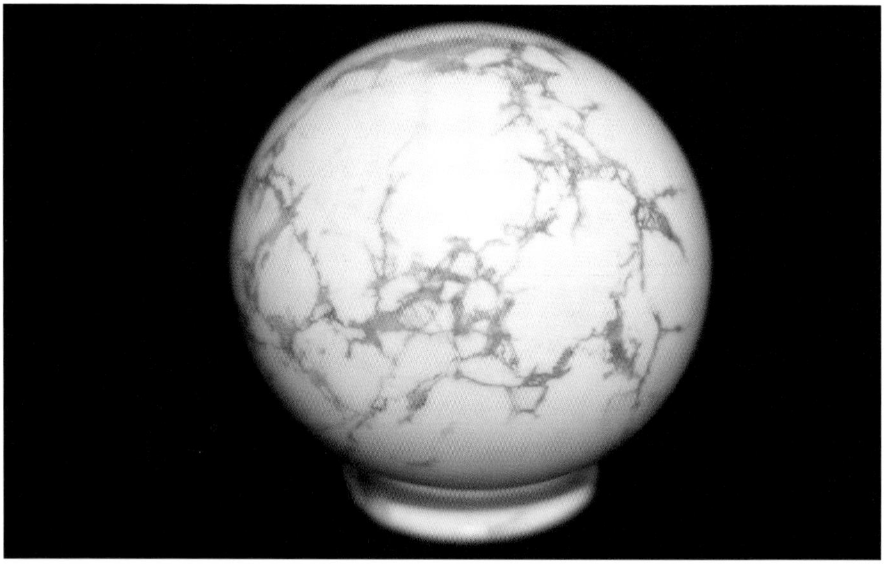

Synonym: keine
Namenszahl: 74
Farben: undurchsichtig weiß mit grauer Bänderung

traditionelle Zuordnungen:

Chakra	Scheitelchakra
Mantra	OM
Planet	Mond
Sternzeichen	Krebs

Der Howlith ist ein Schutzstein für alle spirituell Suchenden. Er ermöglicht es uns, den Einweihungsweg, diesen Lernprozeß der Seelenarbeit, ohne größere Leiden und Fehlschläge zu meistern. Darüber hinaus beschützt er uns gegen den Egoismus und Neid der Mitmenschen, gegen Ungerechtigkeit, Unverständnis und Verfolgung. Mit einem Howlith als Seelenfreund werden wir alle Prüfungen durchstehen und dabei unseren Wissensdrang und unsere Entdeckungslust erhalten können, und wir werden unsere karmische Aufgabe erfahren und erkennen können. Der Howlith wird viele Änderungen in uns bewirken, er wird unseren Aufbruch zu neuen Ufern und Bereichen animieren und unsere seelische Unabhängigkeit von den irdischen Verhaftungen erreichen helfen.
Der Howlith ist ein kundiger Begleiter ins Reich der Meditation, in astrale Ebenen und Erlebnisse.

JADE/JADEIT

Synonyme:	Unter dem Namen Jade werden vor allem Jadeit und Nephrit gehandelt.	*traditionelle Zuordnungen:*	
Namenszahl:	39	Chakra	Herzchakra
Farbe:	grün	Mantra	YAM
		Planet	Jupiter, Pluto
		Sternzeichen	Fische, Skorpion

Der Jadeit hat ausgeprägte Heilkräfte, wobei er vor allem den Selbstheilungswillen anspricht und stärkt. Indem er direkt auf die Lebenskraft und Vitalität Einfluß nimmt, vermag er uns auch bei der Gesunderhaltung von Körper, Geist und Seele beizustehen.
Er wirkt subtil, aber beständig auf unsere geistige Strebsamkeit und unsere spirituelle Orientierung. Er gibt uns Kraft, unseren Seelenweg weiterzugehen, und läßt uns unser Wissen und unsere Erkenntnisse für die Bewußtseinsentwicklung verwerten. Der Jadeit stärkt nicht nur unseren Wissensdrang, sondern auch unseren Reformwillen, unseren Mut zu Neuem.

JASPIS

Synonyme: Hornstein
Namenszahl: 80
Farben: alle Farbtöne, meist streifig oder gefleckt

traditionelle Zuordnungen:

Chakra	Wurzelchakra
Mantra	LAM
Planet	Mars, Erde
Sternzeichen	Stier

Der Jaspis ist ein Schutzstein, der schon in alten Zeiten vielen Menschen Freund und Begleiter war. Dank seiner Weisheit versteht er es, uns in schweren Zeiten damit zu unterstützen, daß er unsere Willenskraft, unsere Hoffnung und unser Durchhaltevermögen aktiviert und uns die Erkenntnis nahebringt, daß alle Schwierigkeiten einen – für uns zumeist nicht offenbarten – Sinn haben und daß es für unsere Entwicklung, für unser geistiges Fortkommen Prüfungen und Probleme geben muß, denn nur in Bedrängnis sind wir bereit, alle Kräfte zu mobilisieren und innere Grenzen zu überschreiten.
Der Jaspis möchte uns Lehrer und Anlaß sein, den Weg nach innen zu suchen, unsere Glaubensfähigkeit zu erforschen und bewußt nach dem Sinn des Lebens zu fragen. Durch seinen Schutz und seine ausgleichenden, heilenden Kräfte vermag er uns Halt und Trost bei unserem alltäglichen Tun zu bieten, aber uns auch immer wieder zu den höheren Wahrheiten und ewigen Seinsebenen hinzuführen.

Meditation: Der Herr der Steine

. . . Wasser . . . ich fließe mit dem Wasser, bin Teil dieses Strömens . . . ich tanze an Felsen vorbei . . . lächle Blumen zu, die sich übers Wasser beugen . . . der Fluß wird breiter und ruhiger . . . vor mir öffnet sich eine Felshöhle . . . im Inneren ist es dunkel, die Wände glänzen feucht . . . mit einem Wasserfall stürze ich in die Tiefe . . . ein unterirdischer See in einer hohen Felshalle . . . ich steige aus dem Wasser und sehe mich um, die Höhle ist sehr groß, der Boden aus rotem Staub . . . ich entdecke Zeichen im Staub, Pfeile – ich folge ihnen, klettere über Felsblöcke, komme immer weiter in die Tiefe der Höhle . . . die Pfeile enden vor einer sehr hohen Felssäule aus rotem Stein . . . ich gehe mehrmals um diesen Felsen herum, staunend über seine Dimension . . . dann nehme ich vor der Säule Platz . . . aus ihrem Inneren beginnt ein Licht zu erstrahlen, wird immer stärker, nie gesehene Farben und Schwingungen strömen aus dem Fels . . . das Licht nährt alle meine Chakren . . . das Leuchten intensiviert sich immer deutlicher, die Säule scheint zu explodieren, ein Regen bunter Sterne fällt herunter, durchrieselt mich . . . rund um mich ist alles bedeckt von diesen Sternen, ein vielfaches Funkeln und Glitzern . . . es sind Kristalle, ich hebe eine Handvoll auf und bewundere sie . . . eine Stimme erfüllt den Raum „Die Steine sind deine Freunde!“ – „Wer bist du, wer spricht da?“ – „Ich bin der Herr der Steine!“ – „Lebst du in dieser Felssäule ?“ – „Nein, ich bin überall!“ . . . ich blicke an der Säule hoch, sie reicht bis in den Nachthimmel, der Vollmond scheint ihr Ende und Ziel zu sein . . .

„Du bist auf dem Weg der Gefühle hierher gekommen, du magst jetzt zum Licht weitergehen!“ . . . die Macht des Steins hebt mich empor, ich schwebe dem Mond mit weitausgebreiteten Armen entgegen . . . werde immer schneller, bis alles nur mehr Licht, Leuchten und Helligkeit ist . . . ich spüre die Auflösung, die Glückseligkeit, die Erfüllung . . . erlebe, wie sich die Seelenenergien wieder vereinigen und mein neues „Ich“ bilden – höhere Qualitäten sind dabei, bereichern und beschenken meine Seele . . .

KALZIT

Synonyme: Calcit, Kalkspat
Namenszahl: 50
Farben: milchigweiß, grau, gelb, rötlich, bräunlich, grün, farblos

traditionelle Zuordnungen für weiße Steine:

Chakra	Scheitelchakra
Mantra	OM
Planet	Mond
Sternzeichen	Krebs

Der Kalzit ist ein Stein voll spiritueller Kraft und Weisheit. Seine bedeutendste Eigenschaft ist seine Fähigkeit, uns zum positiven Denken führen zu können. Indem er unsere Hingabe ans Leben, unsere Bescheidenheit bei selbstsüchtigen Wünschen und unsere Opferbereitschaft, unser Geben-, Helfen- und Dienenwollen fördert, läßt er uns die wahren Werte des Lebens erkennen und die „kleinen" Freuden schätzen – Dankbarkeit, ein Lächeln, einen Sonnenstrahl, das Funkeln eines Tautropfens auf einer Blüte . . .
Durch seinen Einfluß auf unsere Lebenssicht erzeugt der Kalzit eine harmonische Grundstimmung, die unsere seelischen Wunden und Schmerzen zu heilen vermag und in weiterer Folge unsere Seele gesund erhält. Durch dieses innere Gleichgewicht, durch diesen Seelenfrieden, entsteht jene positive Denkhaltung, die uns eine erfolgreiche Inkarnation verwirklichen läßt.

KARNEOL

Synonyme: keine
Namenszahl: 79
Farbe: rot

traditionelle Zuordnungen:

Chakra	Wurzelchakra
Mantra	LAM
Planet	Mars
Sternzeichen	Widder

Der Karneol (eine Chalcedon-Varietät) ist ein Heil- und Kraftstein, der vor allem unser Urvertrauen, unsere Verbindung zur Natur, unsere vitale Lebensenergie zu stärken vermag.
Wenn unser Körperbewußtsein, unser Verständnis für unsere physische Form der Inkarnation vernachlässigt, verunreinigt oder verdrängt wurde, führt uns der Karneol über unsere Spiritualität wieder zu einem harmonischen Empfinden. Indem er unser Verständnis für die Mysterien des Lebens fördert, erkennen wir, daß wir uns diesen Körper für unsere Seele selbst ausgesucht haben, und wir werden lernen, unseren Körper mehr zu achten, zu beachten und zu ehren.

KUNZIT

Synonyme: keine
Namenszahl: 57
Farben: rosa bis hellviolett

traditionelle Zuordnungen:

Chakra	Herzchakra
Mantra	YAM
Planet	Venus
Sternzeichen	Waage

Der Kunzit ist vor allem ein Begleiter und Ratgeber bei unserer spirituellen Suche. Er vermag aber auch bei jenen Personen, die (noch) weit entfernt von Seelenarbeit und geistiger Selbsterfahrung sind, das Interesse am Weg der Seele zu wecken.
Der Kunzit hilft uns bei unserem Kampf gegen uns selbst, bei der Überwindung egoistischer Motive, bei der Hinwendung zu einem Leben in Vorbildlichkeit und Selbstdisziplin. Indem wir nach diesen Idealen streben, werden wir einen geistig-seelischen Fortschritt erreichen und unsere irdischen Ziele verwirklichen können. Der Kunzit spricht vorrangig unser Verantwortungsgefühl an – Verantwortung für unser Leben, für unseren Fortschritt, für unsere Taten und Gedanken.

KYANIT

Synonym: Disthen
Namenszahl: 55
Farben: blau bis farblos, blaugrün, gelegentlich weiß, gelb oder rosa, vereinzelt schwarz

traditionelle Zuordnungen für blaue Steine:

Chakra	Halschakra
Mantra	HAM
Planet	Merkur
Sternzeichen	Jungfrau

Der Kyanit ist ein Stein der Veränderung, er hilft uns, unsere Spiritualität zu entdecken und damit uns und unser Leben zu verändern. Der Kyanit weckt in uns den Wunsch, ein bewußtes Leben zu führen, unsere Eigenverantwortung für all unser Tun und Denken zu entwickeln und unseren spirituellen Weg mit Selbstdisziplin und Vorbildlichkeit zu gehen.
Jede neue Erkenntnis, jede neue Erfahrung wird uns verändern, Leben ist Lernen und Veränderung, Lernen durch Veränderung und Veränderung durch das Gelernte. Wir werden uns von anerzogenen Konditionierungen, von gesellschaftlichen Normen und Regeln befreien wollen und können, wir werden die Unabhängigkeit unseres Selbst erreichen und tiefen Frieden für unsere Seele finden.

LABRADORIT

Synonyme: Labradorstein, Labrador
Namenszahl: 95
Farben: dunkelgrau bis grauschwarz mit buntem Farbenspiel

traditionelle Zuordnungen:

Chakra	Wurzelchakra
Mantra	LAM
Planet	Uranus
Sternzeichen	Wassermann

Der Labradorit ist ein Heilstein, der unsere Selbstheilungskräfte aktiviert und uns viel Kraft für den Weg der Selbsterkenntnis schenken will. Er lehrt uns die Eigenverantwortlichkeit für unser Leben, die Notwendigkeit des positiven Wollens und vor allem die Wichtigkeit des Handelns, unseres aktiven Zutuns, selbst unser Leben zu bestimmen, indem wir aktiv, mit Einsatzbereitschaft und Fleiß das Bestmögliche zu erreichen suchen.
Der Labradorit unterstützt unsere Strebsamkeit, unser Bemühen um geistigen Fortschritt sehr kraftvoll. Er versteht es, uns die Bedeutung von Selbstdisziplin und Zuverlässigkeit klar vor Augen zu führen und uns immer wieder zu beweisen, daß wir unser Leben, unser Wohlergehen, unsere Gesundheit und Entwicklung in den eigenen Händen halten.

LAPISLAZULI

Synonyme: Lasurit, Lasurstein, Lapis
Namenszahl: 109
Farbe: lasurblau

traditionelle Zuordnungen:

Chakra	Stirnchakra
Mantra	KSHAM
Planet	Jupiter
Sternzeichen	Schütze

Der Lapislazuli ist der Stein des Gebens, des Helfens, des Dienens. Er erweckt unser Verantwortungsgefühl gegenüber unseren Mitlebewesen, unser universelles Bewußtsein. Er lehrt uns den Weg der Bescheidenheit, der Demut, der Pflichterfüllung und führt uns direkt zum Dienst am Nächsten.
Er gibt uns die Kraft, unser Leben zu ändern, unsere Hinwendung zu den Mitmenschen zu verwirklichen. Er läßt uns unsere Opfer als das sehen, was sie sind, als karmische Gewinne.
Er stärkt unsere Selbstüberwindung, unser Durchstehvermögen und somit unseren Sieg über unsere egoistischen Vorstellungen und Verhaftungen. Immer wieder erinnert und mahnt er an universelles Denken, an universelles Mitgefühl, an tief empfundene Verbundenheit mit allem, was ist. Er führt uns somit auch das Lebensprinzip der Gewaltlosigkeit, der Reinerhaltung unseres Karmas vor Augen, unsere höchste Pflicht, keinem Mitlebewesen Schaden zuzufügen (dazu zählt auch die Notwendigkeit eines vegetarischen Lebens).

MALACHIT

Synonyme: keine
Namenszahl: 54
Farbe: grün mit schwarzer Bänderung

traditionelle Zuordnungen:

Chakra	Herzchakra
Mantra	YAM
Planet	Venus
Sternzeichen	Stier

Der Malachit ist ein Stein voller Weisheit, Energie und Kraft. Er kann und will uns sein Wissen und seine Stärke vermitteln, indem er unsere Konzentrationsfähigkeit stärkt – somit ein wertvoller Begleiter auf Meditationswegen ist –, indem er uns Eigenverantwortung entwickeln läßt und immer wieder richtungsweisend in unsere Gedanken eingreift.
Im Malachit inkarniert sich eine herausragende Persönlichkeit, eine enorm willensstarke Wesenheit, die dazu bestimmt ist, eine exponierte Stellung einzunehmen und zu erfüllen.
Dieser Stein ist ein wirkungsvoller Kraftstein für Arbeiten im geistigen Bereich und eine unerschöpfliche Energiequelle für jede spirituelle Betätigung.

MOLDAVIT

Synonyme: Bouteillenstein, Wasserchrysolith
Namenszahl: 71
Farbe: grün

traditionelle Zuordnungen:

Chakra	Herzchakra
Mantra	YAM
Planet	Mond
Sternzeichen	Krebs

Der Moldavit (ein grüner Tektit) ist ein Heilstein, der vor allem auf unserer Gefühlsebene wirksam wird, der unsere Selbstheilkräfte aktiviert und unser Streben nach innerem Gleichgewicht, nach Harmonie von Seele, Geist und Körper fördert. Er vermittelt die Weisheit und das Wissen um die Kraft unserer Seele, um die unbegrenzten Möglichkeiten, die sich uns bieten, sobald wir uns aus unserer begrenzten Vorstellungskraft befreien und das Geheimnis allen Lebens erkennen können.
Der Moldavit gibt uns immer wieder die Kraft, unsere Prüfungen und Schwierigkeiten durchzustehen, und den Mut, die Chance zu lernen wirklich für unseren seelischen Fortschritt zu nutzen.

MONDSTEIN

Synonyme: keine
Namenszahl: 106
Farben: milchigweiß mit blaßblauem Schimmer, auch bräunliche Töne

traditionelle Zuordnungen:

Chakra	Scheitelchakra
Mantra	OM
Planet	Mond
Sternzeichen	Krebs

Der Mondstein (eine Adular-Varietät) hilft uns, unsere weltlichen und vor allem unsere spirituellen Ziele zu verwirklichen, indem er uns im Ringen um Selbstbeherrschung und Selbstüberwindung unterstützt. Er erinnert uns immer wieder daran, daß wir unser Leben selbst in die Hand nehmen müssen, daß wir für unser Handeln ganz allein verantwortlich sind und daß wir unsere irdische Chance durch Nichtstun vergeuden.
Bei unserem Bemühen um geistigen Fortschritt, beim Streben nach Vorbildlichkeit, bei unserem Wunsch, das Beste aus diesem Leben zu machen, kann uns der Mondstein ein sanfter, aber doch sehr intensiver Antrieb und Lehrer sein.

Meditation am Venusplatz in Kautzen im niederösterreichischen Waldviertel

. . . „Wie alt seid ihr?“ – „Viele Tausende Jahre . . . wir wurden durch viele Zeitalter verehrt und geweiht, von vielen Wesen, die den Kräften der Natur nahestehen.“ . . . ich spüre die Einladung, in den Stein vor mir einzutreten . . . ich stehe vor dem Stein, bin jetzt ganz klein . . . ein Spalt öffnet sich vor mir, ich betrete einen hohen Gang, der mit irisierendem Licht erfüllt ist . . . ich folge dem Weg, bis ich eine große Halle erreiche . . . blaue Blitze, wie starke Stromspannungen, durchzucken den Raum . . . in der Mitte strahlt eine Säule aus Licht, als wäre die Decke offen und die Sonne schiene herein . . . ich stelle mich in dieses Licht . . . „Wir geben dir unser Wissen über die Kräfte der Natur. Du bist ein Freund der Steine, jetzt und früher . . . nur reine Seelen können uns erreichen . . .“ „Wer bist du?“ – „Der Sprecher der Steine – ich habe keine Gestalt und will für dich auch keine annehmen. Nimm die Energie hier in dich auf.“

. . . ich stehe mitten in der Halle, das Zucken der Blitze, die Lichtsäule . . . plötzlich sind alle Energieerscheinungen verschwunden, aufgesogen von meinen Chakren . . . ich bedanke mich und mache mich auf den Rückweg . . . finde einen Gang, der mich schließlich ins Freie führt . . . vor mir liegt ein See, still und friedlich in der Abenddämmerung . . . der Mond geht auf, das Wasser beginnt zu versiegen, große Steinblöcke tauchen langsam auf . . . die letzten Wasser verlaufen sich . . . der Steinkreis glänzt hell im Mondlicht . . . weiße Gestalten betreten den Kreis, sie heben die Arme zum Himmel, rufen Energien . . . Lichtstrahlen erfassen und erfüllen alles, die Wesen treten in die Steine ein . . . kommen auf der anderen Seite wieder heraus, in vielen Farben leuchtend, verwandelt . . . eine Stimme kommt aus diesem Bild zu mir: „Du warst eine von ihnen – immer schon.“

MOOSACHAT

Synonyme: keine
Namenszahl: 85
Farbe: grün

traditionelle Zuordnungen:

Chakra	Herzchakra
Mantra	YAM
Planet	Mond
Sternzeichen	Krebs

Der Moosachat vereint viele hilfreiche Eigenschaften in sich, und zwar Kraft und Energie, Weisheit und Schutz. Er ist ein einfühlsamer Begleiter auf unserem Einweihungsweg, ein sanfter Mahner bei unserem Lernprozeß. Er will uns höheres Wissen und Einsichten lehren, die uns alle Leiden auch in ihrem positiven Aspekt sehen lassen, und will uns die Chance geben, daraus zu lernen.
Der Moosachat will uns nicht nur als Tröster und Lehrer dienen, sondern auch als Mittler zu höheren geistigen und seelischen Dimensionen. Er erweckt und stärkt unsere Visionskraft, er ermöglicht es uns, aus unseren Träumen zu lernen, und führt uns in die Welten der Astralebene. Immer wieder läßt er uns fühlen und erkennen, wie wichtig die Entwicklung unserer Spiritualität ist.

Eine Vollmondmeditation

. . . Vollmondnacht . . . ich sitze auf einem Hügel . . . vor mir eine breite, weiße Lichtbahn, quer über die Wiese bis hin zum Waldrand . . . ich folge diesem Weg . . . aus der Lichtbahn erheben sich weiße Stufen . . . ich steige immer höher hinauf . . . komme zu einem weißen Torbogen, dahinter öffnet sich ein hell schimmernder Gang . . . staunend trete ich ein, entdecke an den Wänden viele phantastische Formen, Blattstrukturen und Kristallgebilde . . . der Gang führt mich weiter, knickt nach unten weg, und ich rutsche in die Tiefe . . . ich lande in einer großen Kuppel mit milchigweißen Wänden . . . ich bin im Mond . . . ich setze mich hin und bete mein Mantra . . . aus der Wand vor mir materialisiert sich eine mächtige, ehrfurchtgebietende Gestalt . . . sie legt die Hand auf meinen Kopf und segnet mich . . . die Wesenheit reicht mir eine Bergkristallkugel . . . die Gestalt beginnt im hellsten Licht zu strahlen, bis die ganze Kuppel mit ihrer Energie erfüllt und ihre Form aufgelöst ist . . . das Leuchten fließt zusammen und konzentriert sich zuletzt in meiner Kugel . . . ich bedanke mich und verlasse die Kuppel . . . die Wände des Gangs sind voller Schriftzeichen, ich erkenne mein Mantra – es hat mich zum Licht geführt . . . ich erreiche das weiße Tor, die Stufen hinunter, die Lichtbahn über die Wiese . . . meine Kugel zerplatzt in meinen Händen in viele kleine Lichtsterne, wie Löwenzahnsamen fliegen sie in die Welt . . . ich freue mich, denn ich weiß, daß sich der Sinn dieser Gabe erfüllt hat . . .

NEPHRIT

Synonym: Beilstein
Namenszahl: 75
Farbe: grün

traditionelle Zuordnungen:

Chakra	Herzchakra
Mantra	YAM
Planet	Merkur
Sternzeichen	Jungfrau

Nephrit wird unter der Bezeichnung Jade gehandelt.

Der Nephrit (eine Strahlstein-Varietät) versteht es, unser Leben zu verändern, indem er sehr intensiv auf unsere Gefühlswelt einwirkt und dadurch tiefgreifende Veränderungen unseres Empfindens und Wollens erreicht. Indem der Nephrit unser Verantwortungsgefühl und unsere Opferbereitschaft stärkt, wird es uns gelingen, uns selbst und unser Leben zu ändern und zum Guten zu wenden.
Der Nephrit unterstützt unser geistiges Streben, unsere spirituelle Orientierung, unsere Fähigkeit zu glauben, unseren Wunsch nach Wahrhaftigkeit, Güte und Nächstenliebe, durch die sich eine Persönlichkeitstransformation verwirklichen lassen wird.

OBSIDIAN

Namenszahl: 78
Farben: schwarz, weiß getupft (Schneeflockenobsidian), gold-/silber-/vielfärbig schimmernd (Gold-, Silber-, Regenbogenobsidian), grau durchscheinend (Apachenträne), braun gefleckt (Mahagoni-Obsidian)

traditionelle Zuordnungen:

Chakra	Wurzelchakra
Mantra	LAM
Planet	Neptun
Sternzeichen	Fische

Der Obsidian kann uns für die Dauer unserer spirituellen Suche ein wirkungsvoller Freund und Lehrer sein. Er fördert intensiv jedes seelische Streben nach Selbstverwirklichung und gibt uns Kraft und Einsicht, dieses höchste Ziel zu verwirklichen.
Der Obsidian vermag für viele ein Initiator für die Seelenarbeit zu sein, da in schweren Zeiten die Hinwendung zur Frage nach dem Sinn des Leidens und des Lebens auftaucht. Dieser Moment kann ein Wendepunkt werden, wenn man bereit ist, den positiven Aspekt zu erkennen, und Leid als Chance für Selbsterfahrung und innere Einkehr versteht. Diese Erfahrung und das daraus erwachsende Wissen führt uns direkt zur Entdeckung und Entwicklung unserer Spiritualität.
Der Obsidian wird uns immer wieder dazu anhalten, aktiv an uns zu arbeiten, Veränderungen zum Guten anzustreben, bis wir ein hohes Maß an Integrität, Vorbildlichkeit und Selbstdisziplin erreicht haben.

ONYX

Synonyme: keine (die verschiedensten Steine werden als Onyx bezeichnet)
Namenszahl: 55
Farben: schwarz, schwarz mit weißer Bänderung

traditionelle Zuordnungen:

Chakra	Wurzelchakra
Mantra	LAM
Planet	Saturn
Sternzeichen	Steinbock

Der Onyx eignet sich als Begleiter für Lebensphasen, in denen wir neue Wege suchen und gehen, weil wir, aufgerüttelt durch unangenehme, schmerzhafte Ereignisse, nach neuen Zielen, nach dem Sinn unseres Leidens und unseres Lebens fragen. Er ist ein Begleiter in jenen Zeiten, in denen wir bereit und willens werden, uns und unsere Einstellungen zu überdenken, zu ändern und für die Erfahrung einer neuen Dimension zu öffnen.
Behutsam, einfühlsam, aber doch tief wirksam begleitet uns der Onyx bei unserer Wandlung. Wenn wir bereit sind, unser ganzes Mühen und Streben in unseren geistigen Weg zu investieren, werden wir unserer persönlichen Wahrheit einen entscheidenden Schritt näherkommen.

OPAL

Synonyme: keine
Namenszahl: 46
Farben: weiß, blau, grau, grün, orange, rot, schwarz opalisierend, zumeist mit bunten Flecken

traditionelle Zuordnungen für weiße Steine:

Chakra	Scheitelchakra
Mantra	OM
Planet	Mond
Sternzeichen	Krebs

Der Opal kann vor allem jenen unter uns, die sich ein leidvolles Leben als Lernmöglichkeit ausgesucht haben, viel Kraft und Unterstützung geben. Indem er unsere Sensibilität gegen Ignoranz und Dummheit erhöht, führt er uns zu der Erkenntnis, daß wir die anderen nicht be- oder gar verurteilen sollen, sondern daß wir uns auf unsere eigene Entwicklung zu konzentrieren haben.
So kann der Opal unser Verständnis für unser Leben, für unser Schicksal und für unsere Mitmenschen verändern. Dadurch wird uns eine Persönlichkeitswandlung und Bewußtseinserweiterung gelingen, von der unsere Seele in hohem Ausmaß zu profitieren weiß. Der Opal führt uns durch viele Leiden zu vielen Erkenntnissen und zu einer Entwicklung unserer wertvollsten Eigenschaften und Fähigkeiten, wie Aufrichtigkeit, Glaube, Nächstenliebe, Bescheidenheit, Verantwortungsgefühl und Pflichterfüllung.

Meditation auf der Blockheide bei Gmünd im niederösterreichischen Waldviertel

... Vollmondnacht ... ich sitze auf der mit Birken umgebenen Lichtung in der Blockheide ... zwischen den Bäumen die dunklen Schatten der riesigen Felsblöcke ... mein zweites Ich erhebt sich und geht zu den Steinen ... Stufen führen hinab zu einem Steintor, einem Eingang ins Berginnere ... hinter dem Tor liegt eine Vorhalle, in der viele Wesen warten ... sie folgen mir auf meinem Gang in die Tiefe ... eine Treppe, die immer breiter wird ... eine hohe Felshalle, Sitzreihen umschließen einen freien Platz in der Mitte, der in helles Licht getaucht ist ... ich stelle mich in dieses Licht und nehme diese Kraft in mich auf ... alles beginnt sich zu drehen, ich wirble um die eigene Achse, werde immer schneller, explodiere in bunte, leuchtende Lichttropfen, die auf die vielen Wesen niederregnen, die in der Halle sitzen ... das Drehen und Sprühen läßt langsam nach ...

Ein sanfter, friedvoller Zustand erfüllt mich, das Licht ist in mir ... meine Aufgabe ist erfüllt ... schon stehe ich bei einem Ausgang, einem anderen Felstor ... trete hinaus auf die Lichtung, sehe mich auf der Wiese sitzen, gehe hin und verschmelze ... von den Steinen steigen Töne auf, die Kraft der Schwingung hüllt uns ein und verbindet uns ...

PERIDOT

Synonyme: Chrysolith, Olivin
Namenszahl: 81
Farben: gelbgrün, olivgrün, bräunlich

traditionelle Zuordnungen:

Chakra	Herzchakra
Mantra	YAM
Planet	Neptun, Mond
Sternzeichen	Fische, Krebs

Der Peridot ist ein Stein voll Weisheit und Wandlungspotential, voll Freude an der Veränderung, voll Mut zu Neuem, voll Vertrauen und wahrer Glaubensfähigkeit.
Der Peridot will uns durch die Leiden und Schmerzen dieses Lebens begleiten, er will uns lehren und leiten, will uns die Augen für den Sinn des Lebens öffnen, will uns Schritt für Schritt zur weisen Erkenntnis führen, daß alle Probleme und Hindernisse des Lebens, jeder Gram und Kummer für uns eine Chance darstellen – eine Möglichkeit zu lernen und zu wachsen.

PREHNIT

Synonyme: keine
Namenszahl: 83
Farben: gelblichgrün, bräunlichgelb

traditionelle Zuordnungen:

Chakra	Solarplexus
Mantra	RAM
Planet	Venus
Sternzeichen	Waage

Der Prehnit ist ein sehr liebevoller und weiser Schutzstein, der uns bei der Entwicklung unserer Spiritualität ein wertvoller Begleiter und Lehrer sein will. Der Prehnit erhöht unsere Erkenntnisfähigkeit, unsere Sensitivität für höhere Dimensionen, Kräfte und Wesenheiten. Wir werden die wundervolle Macht der Seele, die Geheimnisse des Lebens und das universelle Gefühl der Liebe erfahren, und wir werden voller Dankbarkeit den Schutz, den uns unsere spirituellen Lehrer schenken, anzunehmen verstehen.
Dieses Gefühl der Geborgenheit, dieser tiefe Glaube an eine kosmische Ordnung, dieses Wissen um ein allerhöchstes Seelenziel motiviert und führt uns, verändert uns, läßt uns wachsen und weiterstreben.

PYRIT

Synonyme: Schwefelkies, Eisenkies
Namenszahl: 66
Farben: hellmessinggelb, goldgelb

traditionelle Zuordnungen:

Chakra	Solarplexus
Mantra	RAM
Planet	Sonne
Sternzeichen	Löwe

Der Pyrit kann ein sehr machtvoller Begleiter für alle spirituell Suchenden und Strebenden sein. Er hilft uns bei der Erweckung und Entwicklung unserer inneren Kraft, die wir dann für unsere geistige Orientierung und unsere Selbstverwirklichung einsetzen können.
Der Pyrit unterstützt unseren Wunsch nach Veränderung, unser Bemühen, unsere Persönlichkeit entsprechend unseren neuen spirituellen Erkenntnissen zu wandeln. Der Pyrit bestärkt uns immer wieder in unserem Glauben, in unserer Wahrheitssuche – in unserem Weg zu unserer Seele, zu unserer Seelenkraft mit ihren unbeschränkten Möglichkeiten und ihrem schöpferischen Potential.

Meditation: Ein Weg ins Licht

. . . um mich ist alles erfüllt von tiefen, sanften Tönen . . . ein Klang, den ich sehen und spüren kann, der mich zu sich ruft . . . ich folge ihm . . . es geht steil bergauf . . . ich bin auf einer Hängebrücke, die Hände auf den Halteseilen . . . ich blicke hinunter – eine tiefe Schlucht, eine Felswand, ein Wasserfall . . . Nebel steigt hoch, hüllt mich ein . . . weiter führt mein Weg nach oben . . . plötzlich ist der Nebel weg und auch die Brücke . . . ich stehe auf einem Berggipfel, viele schneebedeckte Höhenzüge reichen bis zum Horizont . . . ich spüre hinter mir jemanden auftauchen, ich drehe mich um – es ist mein Meister, er nimmt mich an der Hand, und gemeinsam machen wir uns auf den Weg zum Licht . . . der Berg sinkt zurück, und die Sonne kommt näher . . . sanft werden wir emporgehoben . . . wir sind im Licht . . . alles ist erfüllt von pulsierender Lebenskraft . . . wir gehen weiter zum Ursprung dieses Herzschlags der Schöpfung . . . ich bin allein, mein Meister ist verschwunden, heimgegangen ins Licht . . . meine Hände sind leer, langsam füllen sie sich mit diesem Pulsieren . . . die Energie wird immer stärker, löst meine Hände auf, alles an mir wird zu dieser Vibration . . . ich bin eins mit diesem Kraftstrom, mit dieser machtvollen Energie allen Lebens . . . mein Ich-Bewußtsein ist vollkommen aufgelöst . . . eine Stimme kommt zu mir, ich höre sie nicht, ich fühle sie: „Sei willkommen, – hier ist dein Ursprung, hier ist dein Ziel! Doch jetzt kehre zurück zum irdischen Leben, deine Aufgabe ist noch nicht erfüllt, deine Zeit noch nicht gekommen . . .“ . . . mein Individualbewußtsein kehrt langsam wieder zurück . . . dankbar und beglückt mache ich mich auf den Rückweg . . . bin wieder auf der Bergspitze – der Berg erscheint jetzt viel höher als zuvor . . . ich suche nach der Hängebrücke, nach den Nebeln – ich finde sie nicht . . . ich mache mich an den steilen Abstieg, es ist mühsam, ich stolpere oft, schinde mich auf . . . der Weg zurück in die Welt ist anstrengend und schmerzhaft . . . endlich bin ich am Fuß des Berges angelangt, durchquere einen Wald und lande schließlich wieder in meinem inneren Raum . . .

RAUCHQUARZ

Synonyme: fälschlich Rauchtopas
Namenszahl: 88
Farben: braun bis schwarz, rauchgrau, sehr dunkle Steine heißen Morion

traditionelle Zuordnungen:

Chakra	Wurzelchakra
Mantra	LAM
Planet	Venus
Sternzeichen	Waage

Der Rauchquarz führt uns zum positiven Denken, indem er uns durch viele Erfahrungen und Belastungen begleitet und uns diese in Erkenntnisse und Weisheit umsetzen läßt. Der Rauchquarz wird uns immer wieder die Wichtigkeit der geistigen Orientierung klarmachen und den spirituellen Fortschritt als unseren Lebenssinn erkennen lassen.

Den immer wieder auch leidvollen Lernpozeß werden wir mit der aufbauenden Kraft des Rauchquarzes zu unserem Besten nutzen können, indem wir uns bemühen wollen, positiv zu leben, zu handeln und zu denken. Der Rauchquarz hält uns immer wieder zum Nachdenken an, zum Rationalisieren, zum Analysieren. Er ermöglicht uns somit, unsere Erkenntnisse auch geistig so aufzuarbeiten, daß daraus wirklich fundiertes Wissen werden kann, worauf wir immer wieder aufbauen und zurückgreifen können.

RHODOCHROSIT

Synonyme: Manganspat,
Himbeerspat, Inkarose
Namenszahl: 148
Farben: rosa mit weißer Bänderung,
sehr selten auch farblos

traditionelle Zuordnungen:

Chakra	Herzchakra
Mantra	YAM
Planet	Venus
Sternzeichen	Stier

Der Rhodochrosit kann ein wertvoller Begleiter auf dem Weg zum geistigen und seelischen Fortschritt sein. Seine kosmischen Kräfte und seine Weisheit vermögen uns bei unserer Suche nach dem Sinn des Lebens, beim Erlangen und Erarbeiten unserer Herzensqualitäten zu unterstützen. Durch ihn lernen wir Liebe geben und erleben.
Der Rhodochrosit will seine karmische Aufgabe erfüllen, indem er Mitlebewesen zu Liebe, Licht und Frieden führt und ihnen hilft, ihre Spiritualität zu erkennen, zu erfahren und zu entwickeln. Durch seinen Schutz und die spirituelle Ausbildung, die er zu bieten vermag, bewirkt er viele Änderungen und Neuerungen, er wird der Grundstein für ein ganz neues Leben sein, für eine Neuorientierung im spirituellen Sinn.

RHODONIT

Synonym: Mangankiesel
Namenszahl: 97
Farben: rosa bis rot mit schwarzen Flecken oder Adern

traditionelle Zuordnungen:

Chakra	Wurzelchakra
Mantra	LAM
Planet	Mars, Venus
Sternzeichen	Widder, Stier

Der Rhodonit ist ein Stein der Veränderung, er begleitet und führt uns in Lebensphasen, die große Entscheidungen erfordern, die unserem Leben eine neue Orientierung bringen und für uns selbst eine tiefgreifende Wandlung unseres Empfindens, Denkens und Handelns bedeuten. Der Rhodonit wird zu jenen kommen, die nach einer schweren Zeit, wie Krankheit oder Trauer, in sich den Wunsch und die Sehnsucht spüren, ihr Leben zu verändern.
Der Rhodonit läßt uns die Notwendigkeit geistiger Orientierung erkennen, er weckt in uns das Streben nach Seelenerfahrung und Selbsterkenntnis. Er wird uns immer wieder ermuntern und ermahnen, unsere spirituelle Suche trotz aller Hindernisse, Schmerzen und Enttäuschungen weiterzuführen. Er wird uns an unsere guten Vorsätze erinnern, er wird unseren Willen fördern und entwickeln, vorbildlich und diszipliniert zu leben.

ROSENQUARZ

Synonyme: keine
Namenszahl: 129
Farben: rosa, auch schwach violett

traditionelle Zuordnungen:

Chakra	Herzchakra
Mantra	YAM
Planet	Venus
Sternzeichen	Stier

Der Rosenquarz kann durch seinen Wesenskern ein treuer und auch mahnender Begleiter auf neuen spirituellen Wegen sein. Er kann uns helfen, Prüfungen und harte Zeiten durchzustehen, uns zum positiven Denken zurückzuführen und die richtigen Entscheidungen zu treffen. Er hilft uns, offen zu bleiben, empfänglich für Neues, flexibel und tolerant zu sein, aber mit dem richtigen Maß an ernsthafter Hinterfragung und gegebenenfalls konstruktiver Kritik. Er verhindert, daß wir alles als gegeben hinnehmen und fördert unseren Forschungs- und Wissensdrang, dank dem wir alle Erfahrungen selbst durchmachen und uns eine eigene Meinung bilden wollen.

Meditation: Eine Reise zum Licht mit meiner Rosenquarzkugel

... ein Lichtstrahl führt von meinem Scheitelchakra nach oben ... ich folge diesem Weg ... und finde mich in einer Landschaft voller Nebel und hellen Wolken ... ich sehe mich in diesem Wolkenmeer herumgehen ... jetzt bin ich wieder in mir, blicke zu meinen Füßen hinunter, der Nebel reicht fast bis zu meinen Knien, das Gehen ist sehr angenehm, weich, wie auf einer Wiese ... in einiger Entfernung sehe ich ein Tor, dahinter ein Licht ... ich gehe darauf zu, gelange zu diesem Tor, es ist sehr hoch, seine Konturen verlieren sich im wabernden Nebel ... mit meinen Händen gleite ich über die Pfeiler, sie sind aus kaltem Stein, die Symbolik erreicht mich im gleichen Moment: das Tor steht für das physische Leben mit seinen Problemen und Leiden ... ich gehe hindurch und auf das Licht zu ... es ist wie eine kleine Sonne, die auf einem Hügel thront, ihre Strahlen erfüllen alles mit Regenbogenfarben ... ein gepflasterter Platz liegt vor mir ... in der Mitte liegt ein großer, flacher Stein, wie ein Altar ... davor knie ich nieder und lasse mich von diesem Licht erfüllen ... im großen Halbkreis bemerke ich viele Wesenheiten um mich stehen ... ich bedanke mich beim Licht ... „Geh in deine Welt, dein Weg ist des Lichts, der Liebe und des Friedens."

... ich spüre dieses Licht in mir, vor allem in meinen oberen Chakren erfühle ich eine gewaltige Macht, ein allesdurchdringendes Leuchten ... nochmals bedanke ich mich und mache mich auf den Rückweg ... das Felstor wirkt jetzt viel lichter und weniger wuchtig und kalt ... zurück durchs Wolkenmeer ... der Lichtstrahl führt mich wieder hinunter ...

RUBIN

Synonyme: keine
Namenszahl: 52
Farbe: rot

traditionelle Zuordnungen:

Chakra	Wurzelchakra
Mantra	LAM
Planet	Mars
Sternzeichen	Widder

Der Rubin versteht es, unseren Wissensdrang zu fördern, unsere Kreativität zu steigern und somit unsere Bewußtseinsentwicklung durch Wissen zu verwirklichen.
Der Rubin wird immer wieder unser geistiges Streben ansprechen und unsere spirituelle Orientierung begünstigen.
Indem er uns Kraft und Mut gibt, uns selbst zu überwinden, unseren Egoismus und unsere Ignoranz zu bekämpfen, ermöglicht er es uns, innere Stärke, seelische Souveränität und geistigen Fortschritt zu erringen.

SAPHIR

Synonyme: keine
Namenszahl: 69
Farben: blau, auch farblos, rosa, orange, gelb, grün, violett

traditionelle Zuordnungen für blaue Saphire:

Chakra	Stirnchakra
Mantra	KSHAM
Planet	Jupiter
Sternzeichen	Fische

Der Saphir führt uns durch seine kosmischen Kräfte zum Glauben, zum Streben nach Wahrhaftigkeit, nach tätiger Güte und gelebter Nächstenliebe. Indem er vor allem unsere Selbstverwirklichung fördert, läßt er uns die Sinnhaftigkeit unseres Daseins erahnen, vielleicht sogar erkennen. Er fördert jene Art von Selbstverwirklichung, die aus Wissen und Erkenntnis entsteht, die uns zur Seelenarbeit führt, unsere spirituelle Strebsamkeit fördert und unsere egoistischen Denkweisen entlarvt und entmachtet.
Der Saphir ermöglicht es uns, uns über unsere Ziele klarzuwerden und sie zu erreichen, er läßt uns die Möglichkeiten, die Chancen, die unsere irdische Inkarnation bietet, erfahren und nutzen.

SARDER

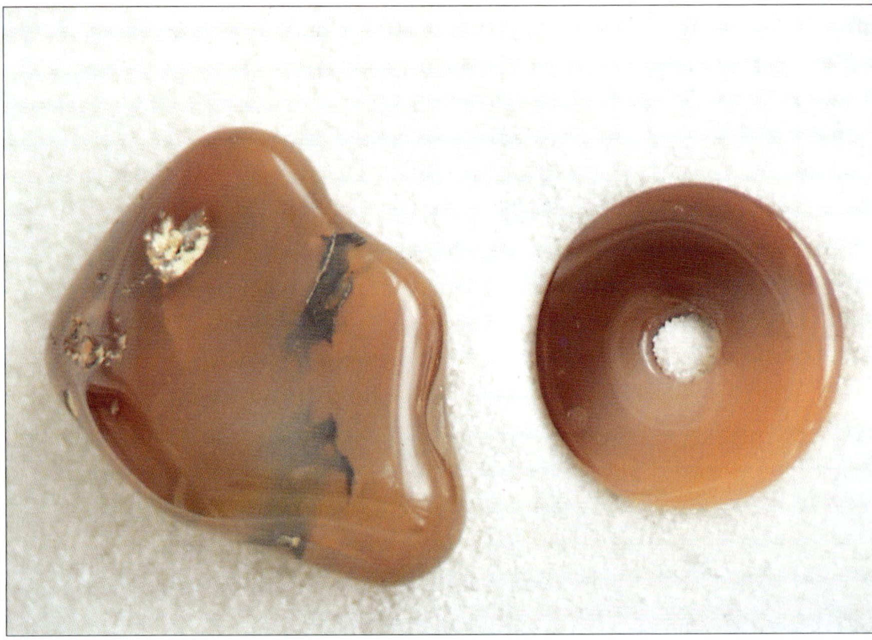

Synonyme: keine
Namenszahl: 71
Farbe: rotbraun

traditionelle Zuordnungen:

Chakra	Wurzelchakra
Mantra	LAM
Planet	Mars
Sternzeichen	Widder

Der Sarder, eine Chalcedon-Varietät, ist ein sehr wirkungsvoller Schutzstein gegen Störungen sehr irdischer Natur. Wenn unser Urvertrauen ins Leben, unsere Beziehung zu unserem eigenen Körper und somit auch zu unserer Sexualität getrübt ist, kann uns der Sarder ein wertvoller Lehrer sein. Wir werden die Zusammenhänge allen Lebens verstehen lernen, wir werden das Einssein mit der Natur empfinden können, und allmählich werden wir erkennen, daß man alles Leben achten und beachten muß – und somit auch uns, unseren Körper, die irdische Manifestation unserer Seele.
Erst durch diese Harmonisierung von Geist, Körper und Seele wird es uns gelingen, unseren spirituellen Weg erfolgreich zu meistern und unsere weltlichen und geistigen Ziele zu verwirklichen.

SCHEELIT

Synonyme: keine
Namenszahl: 59
Farben: gelb, braun, orange, farblos

traditionelle Zuordnungen für orange Steine:

Chakra	Bauchchakra
Mantra	VAM
Planet	Pluto
Sternzeichen	Skorpion

Der Scheelit beginnt allmählich unser Empfinden zu beeinflussen, indem er unsere Sensibilität erhöht und uns die Leiden, die Ungerechtigkeit und die Ignoranz der Menschen vor Augen führt. Aus anfänglichem Unverständnis für die grausamen, egoistischen und rücksichtslosen Mitmenschen entsteht Mitgefühl, und wenn wir bereit und willens sind, zu lernen und an uns und unserer Einstellung zum Leben zu arbeiten, die Allmacht von Liebe, Licht und Frieden zu erkennen, wird es uns gelingen, zu wahrer Nächstenliebe, zu Güte und Wahrhaftigkeit zu finden.
Der Scheelit vermag all jenen zu helfen, die am Ungleichgewicht und Unfrieden dieser Welt verzweifeln, die auf keine höhere Macht mehr zu hoffen wagen, deren Urvertrauen in den Sinn des Lebens und die Sinnhaftigkeit allen Daseins erschüttert wurde.

SELENIT

Synonyme: keine
Namenszahl: 76
Farbe: milchigweiß

traditionelle Zuordnungen:

Chakra	Scheitelchakra
Mantra	OM
Planet	Mond
Sternzeichen	Krebs

Der Selenit besitzt stark ausgeprägte Heilkräfte, die dann ihre volle Wirkung entfalten, wenn wir uns dem höheren Wissen um die Geheimnisse des Lebens öffnen und sich dadurch unsere Persönlichkeit verändert und die spirituelle Neuorientierung unserem Dasein neue Dimensionen erschließt.
Indem der Selenit die Tugenden, die für die Vervollkommnung unserer Seele so wichtig sind, wie Selbstdisziplin, Bescheidenheit, Verantwortungsgefühl, geistige Strebsamkeit und Herzensbildung, fördert, ermöglicht er es uns, unsere spirituellen und weltlichen Ziele zu verwirklichen.

SERPENTIN

Synonyme: keine
Namenszahl: 115
Farben: verschieden grün

traditionelle Zuordnungen:

Chakra	Herzchakra
Mantra	YAM
Planet	Mond
Sternzeichen	Krebs

Der Serpentin erschließt uns die Kräfte unserer Seele, die Heilkraft der Liebe in uns, und er öffnet uns die Augen für unseren Weg nach innen. Mit einem Serpentin als Freund und Begleiter wird es uns gelingen, die seelischen Belastungen und Unstimmigkeiten zu erforschen und aufzuarbeiten, und wir werden lernen, nach innerer Reinheit zu streben, wir werden versuchen, uns und unser Leben im gleichen Maß wie alles Leben zu achten und zu beachten.
Der Serpentin motiviert uns immer wieder zu Selbstdisziplin und Vorbildlichkeit, er mahnt uns, unseren Seelenweg weiterzugehen, all unser Streben daranzusetzen, das Beste aus diesem Leben zu machen und einen spirituellen Fortschritt zu verwirklichen.

SKAPOLITH

Synonym: Wernerit
Namenszahl: 110
Farben: gelb, rosa, violett, farblos

traditionelle Zuordnungen für violette und farblose Steine:

Chakra	Scheitelchakra
Mantra	OM
Planet	Merkur
Sternzeichen	Jungfrau

Der Skapolith ist der ideale Lehrer und Beschützer für jene Menschen, die den Punkt ihres Lebens erreicht haben, wo sie nach dem Sinn des Lebens und vor allem ihres Lebens zu suchen beginnen, die keine Erfüllung mehr im hektischen Konsum- und Karriereverhalten finden, Erfolgsmenschen, die ans Um- oder Aussteigen, an geistige Orientierung und Selbsterfahrung denken.
Der Skapolith gibt uns die Willenskraft, die wir für die vielen Prüfungen, Ängste, Zweifel und Hindernisse auf unserem Seelenweg brauchen.
Wenn es uns wirklich gelingt, einen tiefen Glauben und echte Wahrhaftigkeit zu erreichen, werden wir unsere Initiation in die kosmische Lehre erleben, den Einweihungsweg der spirituell Suchenden beschreiten. Bescheidenheit und Demut müssen uns begleiten, damit wir uns verändern. All unsere inneren Sinne werden aufs höchste sensibilisiert, unsere Visionskraft und unsere medialen Fähigkeiten werden durch diesen Stein erweckt.

SMARAGD

Synonyme: keine
Namenszahl: 63
Farben: grün, Farbe oft unregelmäßig, gefleckt oder gestreift

traditionelle Zuordnungen:

Chakra	Herzchakra
Mantra	YAM
Planet	Mond
Sternzeichen	Krebs

Der Smaragd ist der ideale Lehrer und Begleiter für jene, die ihren Seelenweg auch von der Ratio her erarbeiten und die Sinnhaftigkeit ihres Lebens und Handelns verstehen wollen. Indem er uns immer wieder hinterfragen und nachdenken läßt, unterstützt der Smaragd unser Verstehenwollen, bis aus Erfahrungen fundiertes Wissen geworden ist und wir auf dieser unerschütterlichen Basis unsere spirituelle Suche aufbauen können.
Der Smaragd erhöht unsere Willenskraft, unsere Bereitschaft, eigenverantwortlich zu leben und zu handeln, er fördert unser soziales Empfinden und Denken und unsere Entschlußkraft. Der Smaragd führt uns mit viel Weisheit und Einfühlsamkeit zum Erfolg, sowohl in spiritueller wie auch in weltlicher Sicht. Er läßt uns die wahren Ziele erkennen – die Weiterentwicklung unserer Seele – und sorgt somit intensiv für unsere geistige Orientierung.

SODALITH

Synonyme: keine
Namenszahl: 86
Farben: blau, grau, auch gelblich-weiß, rötlich, grünlich, farblos

traditionelle Zuordnungen:

Chakra	Stirnchakra
Mantra	KSHAM
Planet	Neptun, Jupiter
Sternzeichen	Fische

Der Sodalith ist ein Kraftstein, der uns Mut und Durchhaltevermögen vermittelt, um unser Ringen nach Selbstdisziplin und Vorbildlichkeit zu unterstützen.
Der Sodalith führt uns zu spirituellem Erfolg und zur Verwirklichung unserer Lebensziele, wobei er uns als Meditationsbegleiter in Visionen unseren Weg und unsere Chancen erfahren läßt.
Der Sodalith stärkt unsere Konzentrationsfähigkeit und unsere Willenskraft. Er fördert unsere Eigenverantwortung und hilft uns, die Möglichkeiten dieser Inkarnation und alle Gelegenheiten zum seelischen Fortschritt wahrzunehmen.

SPHALERIT

Synonyme: Zinkblende, Blende
Namenszahl: 95
Farben: metallisch glänzend, dunkelbraun und schwarz, auch gelb, rot, grün, farblos

traditionelle Zuordnungen für rote Steine:

Chakra	Wurzelchakra
Mantra	LAM
Planet	Mars
Sternzeichen	Widder

Der Sphalerit spricht unsere Herzensbildung an, unser Verständnis für die Mitmenschen, unser Mitgefühl, und führt uns so zu Nächstenliebe und Glauben.
Wenn wir aufrichtig entschlossen sind, unseren Weg zu Liebe und Licht zu finden und zu gehen, wenn wir bereit sind, all unser Wollen und Denken zu disziplinieren, um reinen Herzens zu werden und zu bleiben, kann uns der Sphalerit Kraft, Ausdauer und Strebsamkeit schenken.
Mit seiner Hilfe und Führung werden wir erkennen, daß wir zuerst in uns Harmonie, Frieden und Liebe finden müssen. Aus diesem geänderten emotionalen und seelischen Empfinden wird unsere reine Liebe zu allen Wesen erwachsen, und wir werden fähig sein, unser Licht in viele Herzen zu tragen.

SPINELL

Synonyme: keine
Namenszahl: 91
Farben: rot, rosa, violett, gelb, orange, blau, dunkelgrün, schwarz

traditionelle Zuordnungen für rosa und grüne Steine:

Chakra	Herzchakra
Mantra	YAM
Planet	Venus, Mond
Sternzeichen	Stier, Krebs

Den Spinell kann als „Wunschstein" bezeichnet werden, seine Kräfte helfen uns, Ziele und Vorstellungen zu verwirklichen, Erfolge zu erlangen.
Der Spinell wirkt auf unseren Selbstdisziplinierungswillen und läßt uns immer wieder erkennen, daß wir nur aus eigener Kraft und aus eigener Initiative unser Leben meistern können, wir schaffen mit unserem Willen und der Macht der Gedanken unsere persönliche Realität, unsere Siege und Niederlagen, unser Leben.
Der Spinell ermutigt uns, neue Wege zu suchen, für uns und auch für andere – und so wird dieser Stein ein weiser Freund in Zeiten der Neuorientierung, der Veränderungen unseres Bewußtseins und unseres Lebens sein.
Er wird uns Kraft und Mut geben, weiterzusuchen, weiterzufragen, empfänglich zu bleiben für alles Neue.

SUGILITH

Synonym: Luvulith
Namenszahl: 84
Farbe: violett, oft mit dunklen Flecken

traditionelle Zuordnungen:

Chakra	Scheitelchakra
Mantra	OM
Planet	Uranus
Sternzeichen	Wassermann

Der Sugilith lehrt uns die sanfte Kraft der wahren Hingabe, jenes wissenden Sichfügens, das aus dem Empfinden des Urvertrauens erwächst. Dieser Stein will uns ein lebenslanger Begleiter und Lehrer auf dem Seelenweg der Selbst- und Sinnsuche sein. In seinem Schutz wird unser Streben nach Überwindung des Ego gelingen, und wir werden jene Entwicklungsstufe erreichen, wo sich die Liebe für alles, was ist, in wahrer Selbstlosigkeit schenkt und die Dimension der Ewigkeit zum ersten Mal erahnbar scheint.
Der Sugilith ist der Stein der Traum- und Meditationsreisen, indem er unsere Sehnsucht nach Erkenntnis nährt und uns ins Reich des Lichts mitnimmt.

TIGERAUGE

Synonyme: keine
Namenszahl: 62
Farben: goldgelb, goldbraun gestreift

traditionelle Zuordnungen:

Chakra	Solarplexus
Mantra	RAM
Planet	Sonne
Sternzeichen	Löwe

Das Tigerauge hat wie der Bergkristall eine eigene geistige Entwicklung, in ihm inkarniert sich ein hohes Wesen mit bestimmter Erdenmission, um den Menschen bei ihrem spirituellen Erkennen und Wachstum zu helfen, sie den ihnen bestimmten Seelenweg finden zu lassen und sie in ihrer Strebsamkeit zu unterstützen. Im Gegensatz zum Bergkristall versucht er nicht kraft seiner Weisheit, sondern durch seinen subtilen Schutz eine wertvolle Hilfe auf dem spirituellen Weg zu sein.

Das Tigerauge kann uns in verschiedenen Inkarnationen immer wieder begegnen und gibt uns damit viele Chancen, unser Leben und unser Karma zum Guten zu wenden, indem wir uns auf unseren seelischen Fortschritt und unsere geistige Orientierung besinnen.

TIGEREISEN

Synonyme: keine
Namenszahl: 102
Farben: dunkelbraun bis schwarz mit roten und gelben Bändern

traditionelle Zuordnungen:

Chakra	Wurzelchakra
Mantra	LAM
Planet	Mars
Sternzeichen	Widder

Das Tigereisen besitzt sehr ausgeprägte Heilkräfte, die vor allem bei jenen wirken, die sich um Selbsterfahrung, Selbstdisziplinierung und Selbstüberwindung bemühen. Durch die Erkenntnisse dieses Weges wird auch das Verständnis für die Mitlebewesen geweckt und bestärkt. Es fördert den Wunsch, andere „verstehen zu wollen, sich aktiv mit ihnen zu beschäftigen, auf andere zuzugehen“. Indem es uns zu Liebe und Mitgefühl führt, macht uns das Tigereisen für die heilenden Kräfte des Universums – die Heilkraft der universellen Liebe – empfänglich.
Das Tigereisen lehrt uns, die Verbundenheit, den Zusammenhang, das Einssein aller Wesenheiten zu erkennen und bewirkt durch dieses Wissen eine tiefe Veränderung unserer Weltsicht, unserer Anschauungen und unseres Empfindens.

TITANIT

Synonym: Sphen
Namenszahl: 62
Farben: gelb, braun, grün

traditionelle Zuordnungen für gelbe Steine:

Chakra	Solarplexus
Mantra	RAM
Planet	Pluto
Sternzeichen	Skorpion

Der Titanit ist ein Stein der Weisheit, er besitzt höchstes Wissen um alle Mysterien des Lebens. Da auch Schutzkräfte durch ihn wirksam werden, ist er der ideale Begleiter für alle, die nach Erleuchtung, nach Lebensklugheit und geistigem Fortschritt suchen. Der Titanit wird uns vor Zweifeln und Ängsten bewahren, er wird uns immer wieder den richtigen Weg finden lassen und wird unsere Fähigkeit entwickeln, Wahrheit und Wahrhaftigkeit zu erkennen.
Der Titanit gibt uns immer wieder Kraft und Mut, weiterzufragen, weiterzustreben, weiterzusuchen, den Weg zu Licht und Wahrheit reinen Herzens zu gehen.

TOPAS

Synonym: Edeltopas
Namenszahl: 64
Farben: gelb, braun, farblos, blau, rot, grün

traditionelle Zuordnungen für gelbe Steine:

Chakra	Solarplexus
Mantra	RAM
Planet	Sonne
Sternzeichen	Löwe

Der Topas führt uns mit viel Weisheit und Liebe durch den manchmal auch recht unangenehmen Lernprozeß der Selbsterkenntnis zum Verständnis für unsere Mitmenschen. Er öffnet unsere Bereitschaft, die hohen Werte des Lebens – Glaube, Aufrichtigkeit, Güte und Mitleid – anzuerkennen. Dadurch sensibilisiert er vor allem aber auch unser Empfinden für die Gedankenlosigkeit, die Ignoranz und den Egoismus, mit dem die Menschen miteinander umgehen, wie sie die Natur und alle ihre Lebensformen geringachten, wie so oft viele Chancen und Leben vergeudet werden.
Durch diese tiefgreifende Veränderung in unserer Lebenssicht lernen wir viel bewußter zu leben und zu handeln, die Gesetze des Karmas zu erkennen und anzunehmen und nach vielen schmerzhaften gescheiterten Versuchen zu akzeptieren, daß jeder einen freien Willen hat und somit auch das Recht, seine Chancen zu mißachten – daß es Schicksal sein kann, daß viele ihr Karma in einem Leben voll Leiden und Unwissenheit abzutragen haben.

TURMALIN

Synonyme: keine
Namenszahl: 85
Farben: rosa, rot, gelb, braun, grün, blau, violett, farblos, schwarz, mehrfarbig

traditionelle Zuordnungen für grüne Steine:

Chakra	Herzchakra
Mantra	YAM
Planet	Pluto
Sternzeichen	Krebs

Nach der Farbe werden verschiedene Varietäten geführt: Schörl (schwarz), Achroit (farblos), Rubellit (rosa bis rot), Dravit (gelbbraun bis dunkelbraun), Verdelith (grün), Indigolith (blau), Siberit (lilarot bis violettblau).

Der Turmalin ist bereit und befähigt, uns bei tiefgreifenden Veränderungen unserer Persönlichkeit zu helfen. Er kann uns eine unermüdliche Kraftquelle bei jeglicher spiritueller Neuorientierung sein.
Der Turmalin besitzt ein tiefes Wissen von allen Geheimnissen des Lebens. An diesem Wissen vermag er uns teilhaben zu lassen, wenn wir lernen und erkennen, daß unser Leben eine Chance ist, unsere Seele zu entwickeln, und daß wir unsere Konzentration zuerst auf unsere eigenen inneren Disharmonien und Blockaden richten müssen. Durch Veränderungen, Abschiede, Neubeginne lernen und wachsen wir, und wenn wir die Erfahrungen in Erkenntnisse umsetzen und all unser Streben auf unseren seelischen Fortschritt richten, wird uns der Turmalin ein wichtiger Lehrmeister sein können. Durch seine Kraft und sein höheres Wissen vermittelt er uns ein wichtiges Lernziel, nämlich Selbstdisziplin, Vorbildlichkeit und Zuverlässigkeit.

TÜRKIS

Synonym: Kallait
Namenszahl: 77
Farben: himmelblau bis blaugrün, oft dunkel gefleckt

traditionelle Zuordnungen:

Chakra	Kehlkopfchakra
Mantra	HAM
Planet	Jupiter, Uranus
Sternzeichen	Schütze, Wassermann

Der Türkis besitzt ein sehr hohes Kraftpotential und kann für uns wie eine unermüdliche Antriebsquelle sein, er bestärkt uns immer wieder darin, viel Arbeitseinsatz, Energie und Fleiß in unseren seelischen und geistigen Fortschritt zu investieren. Seine eigene geistige Orientierung ist uneingeschränkt auf die spirituelle Ebene gerichtet.
Der Türkis kann eine sehr wertvolle Hilfe auf dem Weg der Selbstdisziplinierung sein. Indem er unsere Verständnisfähigkeit, unsere seelische Zuverlässigkeit und Aufrichtigkeit und unseren Willen zur Vorbildlichkeit weckt, entwickelt und stärkt, kann er uns Lehrer und Freund auf unserem Seelenweg sein. Er gibt uns Kraft, Mut und Kampfgeist, um auch unbekannte Richtungen einzuschlagen und immer wieder von neuem Möglichkeiten zur Selbstverwirklichung zu suchen und zu nutzen.

Meditation: Vollendung des Irdischen mit meinem Türkis

. . . ein lichterfüllter Wald . . . im Vorübergehen streiche ich über die Stämme der Bäume – blaue Bäume –, das Sonnenlicht fällt in breiten Bahnen auf den Waldboden . . . die Bäume bilden eine Allee, wie blaue Säulen . . . ich stehe vor einer hohen, blauen Pyramide . . . viele Stufen führen mich hinauf zu einer Plattform . . . ich knie nieder und strecke meine Hände der Sonne entgegen . . . der Himmel ist ganz hell, gleißend . . . die Sonne ist mir sehr nahe, ihr Licht durchströmt mich, ihre Strahlen umarmen mich . . . nach dieser Aufladung finde ich mich wieder auf der Spitze der blauen Pyramide sitzend, nun nicht mehr in empfangender, sondern in einer nach innen gewendeten Haltung . . . ich sitze und warte . . . ich warte und suche . . . ich suche und erkenne . . . Regen fällt durch mich . . . Schnee rieselt durch mich . . . Jahreszeiten fließen durch mich hindurch . . . viele Jahre . . . ich werde zur Spitze der Pyramide . . . jetzt ist sie vollendet, vollkommen . . . meine irdischen Inkarnationen haben ihre Erfüllung erreicht . . . langsam steige ich die Stufen hinunter . . . ich drehe mich noch einmal um und bewundere die blaue Pyramide in ihrer verwirklichten Form . . . zurück durch die Allee, durch den lichterfüllten Wald . . . in meiner linken Hand liegt mein Türkis, wie eine kleine blaue Pyramide . . .

ULEXIT

Synonyme: Boronatrocalcit, Fernsehstein
Namenszahl: 57
Farbe: weiß

traditionelle Zuordnungen:

Chakra	Scheitelchakra
Mantra	OM
Planet	Mond
Sternzeichen	Krebs

Der Ulexit ist der ideale Meditationsstein für jene, die ihr Leben und Wollen sehr stark spirituell orientiert haben und auf dem Seelenweg schon sehr weit vorangekommen sind. Es gibt noch viele Prüfungen und Hindernisse zu überwinden, der Pfad wird immer steiler, enger und unsicherer, je weiter wir zum Gipfel kommen, zu Erkenntnis und Erleuchtung, zu unserem spirituellen Ziel.
Der Ulexit erinnert uns immer an die Bedeutung wahrer Hingabe, an Demut und Bescheidenheit und daran, daß wir unsere egoistischen Wünsche und Bindungen überwinden müssen und nur mit einem reinen Herzen Selbstverwirklichung erlangen werden.

VESUVIAN

Synonyme: Vesuvianit, Idokras,
Wiluit
Namenszahl: 69
Farben: gelb-olivgrün, gelbbraun

traditionelle Zuordnungen:

Chakra	Solarplexus
Mantra	RAM
Planet	Venus
Sternzeichen	Waage

Der Vesuvian ist ein treuer Begleiter und Tröster in Zeiten der Selbstprüfung, des Suchens, des Fragens. Er wird uns immer wieder Einblicke in den Sinn des Lebens, in den kosmischen Plan gewähren, gerade soviel wie wir brauchen, um weiterzuforschen, weiterzustreben und selbst alle Prüfungen des Lebens und des Schicksal ungebrochen durchzustehen.
Der Vesuvian lehrt uns, unsere Wandlung und unsere Kraft zu nutzen und schafft so für uns die Möglichkeit, unsere Erfüllung, unsere spirituellen Ziele, unsere Selbstverwirklichung zu erlangen.

ZIRKON

Synonyme: keine
Namenszahl: 78
Farben: farblos, gelb, braun, orange, rot, violett, blau, grün

traditionelle Zuordnungen für farblose Steine:

Chakra	Scheitelchakra
Mantra	OM
Planet	Mond, Saturn
Sternzeichen	Krebs, Steinbock

Gehandelt werden folgende Varietäten: Hyazinth (gelbrot bis braun), Starlit (blau), Jargon (gelb bis farblos).

Der Zirkon ist ein unermüdlicher Antrieb für alle spirituell Suchenden, indem er vor allem unsere Strebsamkeit fördert. Er hilft uns auf dem Weg der Selbstverwirklichung, der Erfüllung unserer Aufgabe. Der Zirkon lehrt uns Beherrschung und Selbstüberwindung; er läßt uns egozentrische Vorstellungen erkennen und ablegen. Nach dieser seelischen Reinigung sind wir bereit zu tiefen Veränderungen unseres Selbst, zur Entdeckungsreise in unser Inneres. Durch geistiges Streben und intensive spirituelle Orientierung werden wir unseren irdischen Plan, den Sinn dieser Inkarnation, erfüllen.

ZITRIN

Synonyme: keine
Namenszahl: 70
Farbe: blaßgelb

traditionelle Zuordnungen:

Chakra	Solarplexus
Mantra	RAM
Planet	Venus, Merkur
Sternzeichen	Zwilling, Jungfrau

Echte Zitrine sind sehr selten, zumeist handelt es sich um künstlich veränderte Amethyste oder Rauchquarze, die bei mehreren 100 Grad geschmolzen werden. Dies bedeutet für den Stein einen sehr leidvollen Eingriff, den viele Steinwesen nicht überleben (wollen). Für echte Zitrine (das sind nur die blaßgelben, die gebrannten haben einen deutlichen Stich ins Rötliche/Rotbraune) gilt die untenstehende Deutung. Im Namen aller Steine appelliere ich an Ihr Verantwortungsgefühl, gewaltsam veränderte Steine nicht zu kaufen.

Der Zitrin hilft uns, den spirituellen Weg mit all seinen Opfern und Prüfungen durchzustehen. Er läßt uns erkennen, daß alle Schwierigkeiten nur dafür geschaffen wurden, um aus ihnen zu lernen.
Der Zitrin ermöglicht uns ein Erkennen unserer egoistischen Wünsche und Ansprüche. Durch seine subtile Wirkung auf unsere innere Kraft vermag er uns bei der Neuorientierung unseres Lebens, beim Entwickeln altruistischer Gefühle und bei unserem Kampf gegen unsere selbstsüchtigen Einstellungen ein ständiger Ansporn zu sein.

ZÖLESTIN

Synonym: Coelestin
Namenszahl: 94
Farben: bläulichweiß, weiß

traditionelle Zuordnungen:

Chakra	Scheitelchakra
Mantra	OM
Planet	Neptun
Sternzeichen	Fische

Durch die Schutz- und Heilkräfte des Zölestins wird uns eine Neuorientierung ermöglicht und das daraus erworbene höhere Wissen wird bei uns eine Persönlichkeitstransformation bewirken. Der Zölestin wirkt vor allem auf das Scheitelchakra, dadurch gewinnen wir visionäre Einblicke und Ahnungen in jene Dimension, die uns nach diesem Leben erwartet.

Wer in diesem Leben nach Vollendung und Befreiung vom Rad der Wiedergeburt strebt, hat im Zölestin einen weisen Lehrer gefunden. Der Zölestin spricht viele unserer Fähigkeiten an und gibt uns das Durchhaltevermögen, daraus Tugenden wie Selbstüberwindung, Lernwillen, Bescheidenheit, Sensibilität und Vorbildlichkeit zu entwickeln, die uns zu Erfüllung und Erleuchtung führen.

Meditation: Die Heimat der Kristalle

. . . ich treibe im Wasser . . . ein Strom voller Wirbel reißt mich mit sich . . . wir strömen durch ein Felstor . . . im Berginneren ist es dunkel, und die Wasser sind ruhig . . . langsam gleite ich dahin, schaue hinauf . . . hoch über mir wölbt sich der Fels zu einer hohen Halle . . . wir fließen weiter durch den Berg . . . der Sog wird kräftiger . . . ein Wasserfall stürzt mich in die Tiefe . . . ich steige aus dem Becken, schüttle die Tropfen ab . . . ich spüre keine Kälte . . . ich schaue mich um . . . ein weitläufiges Gewölbe mit Riesentropfsteinsäulen . . . langsam gehe ich durch diesen steinernen Wald . . . bemerke ein geheimnisvolles Funkeln im Halbdämmerlicht . . . überall in den Felsen entdecke ich Kristalle – viele Achate, Bergkristalle, Amethyste, Türkise und Granate . . . es scheint, als hätte ich die Heimat meiner Steine gefunden . . . ihre bunten Farben sind wie Blüten an den Wänden und den Tropfsteinen . . . weiter hinten sehe ich ein Licht und gehe darauf zu . . . ich bemerke, daß ich nicht allein bin – viele Wesen wandern durch diese unterirdische Welt und streben wie ich zum Licht . . .

Der Weg steigt an, wird schmäler . . . ich stehe in einem Höhlenausgang mitten am Berghang . . . Nacht liegt über dem Land . . . gemeinsam mit den anderen drängen wir uns beim Ausgang und warten . . . der Mond steigt auf, begleitet von einer Vielzahl von Sternen . . . genau über uns bleibt er stehen . . . sein Licht erfüllt den Eingang und fließt hinein bis ins Gewölbe . . . staunend kehren wir um, sehen die Kristalle leuchten, wie bunte Feuerwerksfunken . . . der Mond hält inne und schüttet sein Licht über uns aus . . . ich blicke an mir hinunter, ich leuchte in demselben Licht, wir alle leuchten . . . ich spüre, wie es mich unwiderstehlich zum Licht hinzieht . . . nochmals laufe ich den Weg zum Ausgang hinauf, diesmal bleibe ich nicht stehen, ich betrete die Lichtbahn, die den Mond mit der Erde verbindet, und steige immer höher . . . bis mein Blickfeld gänzlich vom Mondlicht erfüllt ist . . . mit jedem Schritt wird das Leuchten in mir heller, lösen sich meine Gedanken und Gefühle auf in diesem Licht . . . sanfte Energien erfassen mich . . . erheben mich . . . befreien mich . . . vereinigen sich mit mir . . . ein Wogen und Gleiten trägt mich immer höher . . .

Langsam, sanft kehre ich zurück, bedanke und verabschiede mich . . . die Lichtbahn führt mich wieder zum Höhleneingang . . .

in bin wieder in der Halle, sie ist lichterfüllt, Freude und machtvolle Klänge sind überall . . . viele Vögel schwirren herum, sie scheinen aus reinem Licht zu bestehen . . . immer mehr Vögel erheben sich aus den Kristallen . . . umkreisen mich, gemeinsam verlassen wir die Halle, neben dem Wasserfall entdecke ich eine Treppe . . . begleitet von der Vogelschar verlasse ich den Berg . . . wir durchqueren ein Waldstück, die Bäume weichen langsam zurück, wir befinden uns auf einer Anhöhe . . . vor uns liegt eine weite Ebene, Dörfer und Städte sind in der Ferne zu erkennen – dunkle Wolken haben sich über allen Ansiedlungen zusammengezogen . . . meine Lichtvögel schwärmen aus, durchfliegen die Wolken, hellen sie auf, lassen sie immer mehr verblassen . . . ich beobachte ihr Werk und danke meinen Freunden, den Steinen, für ihre Bereitschaft, die Botschaft des Lichts zu überbringen, zu helfen, zu heilen, zu trösten und zu führen . . .
Ich lasse mich unter einem weitausladenden Baum nieder . . . ich bemerke, daß mein lichterfüllter Körper immer mehr strahlt . . . manche Vögel kehren zurück, laden sich an meinem Licht auf und fliegen wieder ihrer Aufgabe entgegen . . . ein kleiner, zerzauster Vogel setzt sich in meine linke Hand, verzweifelt sieht er mich an, er ist voller dunkler Flecken . . . ich streichle ihn so lange, bis er wieder ganz hell und rein ist . . . voll Freude steigt er auf und fliegt wieder zu den Menschen . . .